Uwe Hillebrand

Die Leere der katholischen Lehre

D1617726

Uwe Hillebrand

Die Leere der katholischen Lehre

Eine vergebliche Suche nach Gott

Tectum Verlag

Uwe Hillebrand
Die Leere der katholischen Lehre.
Eine vergebliche Suche nach Gott

© Tectum – ein Verlag in der Nomos Verlagsgesellschaft,
Baden-Baden 2019
ISBN 978-3-8288-4370-7
ePDF 978-3-8288-7350-6
ePub 978-3-8288-7351-3

Druck und Bindung: Docupoint, Barleben
Printed in Germany

Informationen zum Verlagsprogramm finden Sie unter
www.tectum-verlag.de

Bibliografische Informationen der Deutschen Nationalbibliothek
Die Deutsche Nationalbibliothek verzeichnet diese Publikation in der
Deutschen Nationalbibliografie; detaillierte bibliografische Angaben
sind im Internet über http://dnb.ddb.de abrufbar.

Bibliographic information published by the Deutsche Nationalbibliothek
The Deutsche Nationalbibliothek lists this publication in the Deutsche
Nationalbibliografie; detailed bibliographic data are available online
at http://dnb.ddb.de.

Inhaltsverzeichnis

Vorbemerkung

Unter Religion versteht man eine Vielzahl verschiedener Weltanschauungen, deren Basis der Glaube an übernatürliche Mächte darstellt, die das Leben der jeweiligen Gläubigen beeinflussen, ja sogar bestimmen sollen. Im Rahmen einer Religion können auch Bücher oder Orte als heilig verehrt werden. Es gibt sehr viele unterschiedliche Religionen, wobei das Christentum, der Islam, der Hinduismus, der Buddhismus und das Judentum die meisten Gläubigen vertreten, weswegen sie auch als Weltreligionen bezeichnet werden. Zwar kennt dabei der Buddhismus keinen eigentlichen Gott, wird aber zu den Religionen gezählt. Da es über 2 Milliarden Christen gibt, ist das Christentum die größte Religionsgemeinschaft der Welt. Aber einerseits gibt es in keiner Religion glaubwürdige Beweise für die Existenz einer übernatürlichen Macht, die zumeist mit Gott bezeichnet wird. Andererseits ist die Logik bei der Beurteilung eines religiösen Glaubens der eindeutige Verlierer. Zwar beten die gläubigen Menschen weltweit ihren Gott ehrfürchtig an, nur ihnen tatsächlich geholfen hat der noch nie. Im Gegenteil scheint unsere Welt, wenn es um übernatürliche Mächte gehen soll, eher von einem Teufel beherrscht zu werden. Denn nur so lässt sich bei Annahme einer lenkenden überirdischen Macht das oft unfassbare Leid von Mensch und Tier erklären. Aus logischen Gründen ist es daher völlig unverständlich, wenn trotzdem jede Religionsgemeinschaft auf der Welt felsenfest davon überzeugt ist, dass nur ihr Gott die Welt regiere. Und alles Gute, was sie in ihrem Leben erfahren hätten, ginge letztlich auf diesen Gott zurück. Und das Schlechte?

Den Gegensatz zum Glauben stellt das Wissen dar, wobei hier das logische Wissen ein nicht widerlegbares Wissen verkörpert. Nach Aristotelis (384–322) ist Logik die Wissenschaft vom richtigen Schließen, also die Lehre von den Prinzipien des schlüssigen Denkens. Wenn jemand bei einem Gespräch logisch argumentiert, so hat das, was er sagt, für uns sozusagen „Hand und Fuß". Denn Logik ist für uns unbeeinflusstes Nachdenken über eine Sache oder das durch die Vernunft gesteuerte Schlussfolgern aus existierenden Fakten. Wir sind davon überzeugt, dass ein nachdenkender Mensch nur logisch schlussfolgern kann.

Da das Christentum unser Land geprägt hat und auch heutzutage, zwar mit abnehmender Bedeutung, teilweise noch prägt, soll hier bis auf wenige Ausnahmen als Religion das Christentum betrachtet werden, und zwar speziell die römisch-katholische Lehre. Denn die Katholische Kirche verhält sich in vielem besonders konservativ, weshalb sie hier auch hauptsächlich betrachtet werden soll. Gleichwohl gibt es in ihrer Denkweise viele Übereinstimmungen mit der Lehrmeinung der Protestantischen Kirche. Beiden Großkirchen gemeinsam ist der Glaube, dass nur ein einziger Gott, und zwar ausschließlich der Gott der Christen, unsere Welt im Grunde genommen regiert. Andere Götter gibt es für sie nicht, nach ihrer Überzeugung sind diese reine Einbildung. Für die übrigen Religionen auf der Welt gilt dabei das genaue Gegenteil. Denn der Gott der Christen basiert für sie ebenfalls nur auf reiner Einbildung, wie auch weltweit alle anderen Götter. Allein ihre Religion vertritt die göttliche Wahrheit, sagen sie.

Während von den christlichen Kirchen ihr Gott stets mit wunderbaren Worten gepriesen wird, ist jedoch im Gegensatz dazu häufig die Realität auf Erden eine andere. Nach der Meinung der Kirchen ist ihr Gott, und das verkünden sie fast täglich, nicht nur allmächtig, allwissend und allgütig, barmherzig und gerecht zu jedermann, sondern er soll uns Menschen auch noch lieben. Dies ist aber offensichtlich ein Widerspruch zwischen dem Anspruch, den sie an ihren Gott stellen, und dem tatsächlich vorliegenden Sachverhalt, der oft völlig entgegengesetzt den Versprechen der Kirche ist. Nebenbei fragt man sich daher, worin ein Theologe bei dieser eindeutig vorliegenden Diskrepanz eigentlich Berechtigung und Sinn für seinen ausgeübten Beruf sieht. Wir werden bei unseren Betrachtungen feststellen, dass man nur sich geradezu anbietende Fragen stellen muss, auf welche die Theologen, die sich ansonsten – bezogen auf ihre Sache, soll heißen auf ihre Religion – zumeist trefflich ausdrücken können, als Vertreter des Glaubens keine logische Antwort geben können. Es bleibt ihnen nur, sich mit schön klingenden aber nichtssagenden Worten herauszureden. Das ihnen bei der Ausübung ihres Berufs sonst Halt gebende Gebäude der Religion bricht dabei wie ein Kartenhaus in sich zusammen.

Dies ist bei quasi allen Ereignissen bzw. Nicht-Ereignissen auf unserer Welt, unabhängig vom Thema, der Fall. Ob es z.B. um den Begriff eines göttlichen Wesens geht, die Aussagen der von Menschen aufgestellten katholischen Dogmen, stets unbewiesene Offenbarungen, um weniger bekannte Aussagen der Bibel oder auch um Meldungen aus der Tagespresse, immer bleibt die religiöse Erklärung der Kirche, wenn es denn eine gibt, unbefriedigend. Dabei ist die Reihenfolge der betrachteten Themen sekundär, denn alle bauen nur darauf auf, dass der Gott der Christen, so sagt es die Kirche, eine grenzenlose Macht hat und dabei die Güte selbst ist. Aber das reale Leben ist nun mal kein Wunschtraum, mit Glauben ist es nicht getan. Tatsachen müssen folgen. Dann wird man sehen, dass Logik und Religion einen nicht zu vereinbarenden Widerspruch darstellen, was einzig und allein daran liegt, dass ein religiöser Glaube schlicht unlogisch ist. Und was unlogisch ist, sollte in der menschlichen Gesellschaft keinen Platz haben. Man fragt sich, wie es trotzdem möglich sein kann, dass immer noch die

Religion einen zum Teil doch starken Einfluss auf die Menschen ausüben kann.

Das Wesen eines Wesens

Mit dem Begriff Wesen bezeichnet man in der deutschen Sprache zunächst eine Eigenart, welche für eine Sache charakteristisch ist. Auch ein Mensch kann somit ein solches Wesen haben. So kann z.b. jemand bei allem, was er tut, irgendwie sanftmütig sein, sodass dann die Sanftmut zu seinem Wesen gehört. Daneben steht dieser Begriff generell für ein körperliches Wesen wie eine Pflanze, ein Tier oder auch ein Mensch. Wir sprechen in diesen Fällen von Lebewesen, beim Menschen auch zusätzlich von Personen. Dabei ist speziell der Geist eines Menschen, seine Fähigkeit zu denken, an sein Gehirn gebunden, also an seinen Körper. Wenn der Körper eines Menschen nicht mehr lebt, lebt auch sein Geist nicht mehr. Alles andere ist reine Spekulation.

Für die Kirche ist ihr Gott ein Wesen, und zwar ein höheres Wesen, womit von der Sprache her die Steigerung des Ausdrucks Wesen gemeint ist. Denn das Wort höher bedeutet nämlich nicht, dass das Wesen hoch oben am Himmel steht. Nein, höher bedeutet, dass dieses Wesen in der Hierarchie ganz oben steht. Wenn Gott also ein höheres Wesen sein soll, was sind dann aber einfache Wesen? Sind das vielleicht Gottes Untergebende, etwa die Engel? Darüber hinaus soll er aber auch noch ein personeller Gott sein. Damit ist er nicht nur ein Wesen, sondern er hat auch ein Wesen, wie wir eingangs für eine Person festgestellt haben. Nur dass solch ein kirchlich definiertes Wesen keinen Körper haben soll. Welche charakterliche Eigenart mag so eine göttliche Person nur haben? Ist diese Person vielleicht aggressiv oder jähzornig, ist sie gutmütig oder etwa leicht frustriert? Die letzte Eigenart einer Person Gott würde vieles auf unserer Welt erklären. Denn die göttlichen Regeln der Kirche sagen ihm zwar laufend, was er tun müsste, wenn er etwas tun müsste, aber wegen der erwähnten Eigenart fängt er damit lieber erst gar nicht an. Gäbe es sonst so viel zu tun? Zig Millionen Menschen auf der Welt warten darauf, dass sich endlich grundlegend etwas an ihrer Situation ändert. Hat die Kirche daran schon einmal gedacht? Jedenfalls werden ihm Eigenschaften unterstellt, die nur ein höheres Wesen haben kann, wie z.B. die Allmacht oder die Allgüte.

In den künstlerischen Darstellungen der alten Meister wurde Gott als eine übergroße Vaterfigur dargestellt, die gütig oder auch zornig auf die Welt herabschaute. Das war natürlich einerseits künstlerische Freiheit, entsprach aber andererseits der Denkweise der damaligen Zeit. Der Mensch wurde als Ebenbild Gottes geschaffen, hieß es, wonach umgekehrt Gott letztlich so aussehen musste wie wir. Seine Größe musste man bei der Darstellung im Prinzip allerdings offenlassen, denn gesehen hatte ihn noch nie jemand, was bis heute gilt. Allerdings ist dies für die Kirche kein Wesen, denn es handelt sich ja dabei um eine gegenständliche Darstellung von Gott. Ihr Gott sei zwar ein Wesen, sagt die Kirche, aber ein Wesen ohne Körper, während wir ja eingangs festgestellt haben, dass ein Wesen einen Körper hat. Was ist also für die Kirche ein Wesen? Alle verwenden diesen Ausdruck, um den Gott zu beschreiben, die Gläubigen wie die Nichtgläubigen. Letztere fügen in ihrer Beschreibung nur noch die Wörter „soll er sein" hinzu. Ein Christ verbindet mit diesem Wort etwas Unsichtbares. Wie es aussieht, weiß er nicht, sonst wäre es ja nicht unsichtbar. Des Weiteren haben die Gläubigen aber keine konkrete Vorstellung davon, wie ihr Gott wohl aussehen mag. Im Endeffekt kann niemand von ihnen erläutern, was eigentlich solch ein Wesen real sein soll. Die Gläubigen können es also auch nicht sagen, aber sie glauben einfach daran. Nachfragen tun sie nicht.

Nach allem, was wir wissen, hat die Sache Methode. Denn grundsätzlich ist ein Gott, auch in allen anderen Religionen, stets körperlos, sagen die zuständigen Theologen, und die sollten es eigentlich wissen. Die Götter unserer Welt, und es sind weit über tausend, scheinen sich damit partout nicht zeigen zu wollen, was den Verdacht nahelegt, dass es sie gar nicht gibt. Wenn der liebe Gott schon keinen Körper haben soll, der ja sozusagen ein göttliches Gehirn enthalten würde, woher kommt dann der göttliche Geist? In der Bibel ist zwar dokumentiert, dass nach dem Buch Exodus in Kapitel 24, Vers 9–11 (Ex 24,9–11) über 70 der Ältesten des Volkes Israel einschließlich Mose auf dem Berg Sinai ihren Gott tatsächlich gesehen hätten. Allerdings muss man dazu sagen, dass das Wesen Gott nach Überzeugung der Kirche nun mal unsichtbar ist. Es ist also völlig unklar, was sie dann in Wirklichkeit gesehen hatten, ein Wesen jedenfalls nicht. Und beschrieben hatten sie mit keinem Wort, was sie vermeintlich gesehen hatten. Man stelle sich vor, man könnte endlich jemanden sehen, welcher der liebe Gott sein soll, verliert aber kein einziges Wort über dessen Gestalt und Größe. Das legt den Verdacht nahe, dass es sich hierbei schlicht um eine Legende handeln muss, also um ein Märchen.

Das Heilige Buch

Das Heilige Buch der Christen ist die Bibel, die aus den Büchern des Alten Testaments (AT) und des Neuen Testaments (NT) besteht. Während das AT überwiegend in hebräischer Sprache verfasst wurde und nur zu einem kleineren Teil auf Aramäisch erschien, wurde das NT in Griechisch geschrieben. Die Einheitsübersetzung ist eine deutsche Übersetzung dieser Bibel, die von katholischen Theologen unter allerdings nur teilweiser Mitarbeit auch von evangelischen Theologen erarbeitet wurde. Die Bibel soll ursächlich durch göttliche Offenbarungen entstanden sein, in denen sich der Gott der Christen mitgeteilt haben soll (siehe hierzu auch das nächste Kapitel). Sie soll demnach gleichbedeutend mit dem Wort Gottes sein, nur die Wörter sollen von Menschen formuliert worden sein. Das bedeutet, dass hinter allem, was in der Bibel erwähnt wird, Gott persönlich stehen würde. Die Bibel ist somit maßgeblich für den christlichen Glauben und das christliche Handeln.

Gläubige werden manchmal als bibelfest bezeichnet, man will damit sagen, dass diese das Heilige Buch durchaus gelesen haben. Haben sie das? Auch sonst behaupten Gläubige oft, sie hätten wichtige Abschnitte in der Bibel gelesen. Was sie aber nicht gelesen oder auch überlesen haben, sind die vielen Gewalt verherrlichenden Textstellen, die dieses Buch in seiner Gesamtheit schlichtweg abqualifizieren. Denn solch ein Buch kann nicht heilig sein. Dafür einige Beispiele, zunächst aus dem Alten Testament.

So sagt der allgütige und allgerechte liebe Gott im Buch Deuteronomium des Alten Testaments, Kapitel 20, Vers 10–18, gegenüber dem Volke Israel, dass es die Hetiter, Amoriter, Kanaaniter, Hiwiter, Perisiter und Jebusiter der Vernichtung weihen solle. Das bedeutet also, dass nicht nur alle männlichen Personen erschlagen werden sollen, sondern ebenso die Frauen, die Kinder und die Greise, ja sogar das Vieh. Ein Gott, der so etwas sagt, lässt doch kein heiliges Buch schreiben. Eher entspricht dieser hier wiedergegebene Bibeltext einer Mordanweisung.

Nach dem Buch Genesis, Gen 17,11–14, müssen als Zeichen des Bundes mit Gott, so ist es sein Wille, alle männlichen Kinder, sobald sie acht Tage alt sind, beschnitten werden. Falls sie nicht beschnitten sind, sollen sie getötet werden. Das versteht Gott unter Gerechtigkeit, weil man ja als achttägiges Kind bereits alles selbst entscheiden kann. Wer als Mädchen geboren wird, kann folglich keinen Bund mit Gott eingehen, da bei ihm die anatomischen Voraussetzungen nicht gegeben sind. Auch das gehört zu Gottes Gerechtigkeitssinn. In dem Buch Numeri wird bei Num 15,32–37 beschrieben, dass jemand am Sabbat Holz gesammelt hatte, was aber Gott nicht gefällt. Der verlangt dafür die Todesstrafe, worauf der „Täter" gesteinigt wird. Auch andere drakonische Strafen verkündet der barmherzige Gott, aber die Todesstrafe ist die normale Bestrafung für in Wirklichkeit harmlose Taten.

In Levitikus (Lev 26,29) ist zu lesen, dass Gott damit droht, Ungehorsame zu zwingen, das Fleisch der Söhne und Töchter zu essen. Eine besonders „christliche" Strafe, die als pervers bezeichnet werden muss. Aber die Kirche predigt auch heute immer noch, ihr Gott sei allgütig und barmherzig.

Im Buch der Richter (Ri 4–6) fängt Simson dreihundert Füchse, verbindet je zwei davon mit ihren Schwänzen und einer Fackel, und zündet anschließend die Fackeln an. Dann lässt er die brennenden Tiere in die Getreidefelder der Philister laufen, alles verbrennt. Mit keinem Wort wird dabei auf diese riesige Tierquälerei eingegangen. Aus Rache verbrennen darauf die Philister Simsons Frau in ihrem Haus. Dies ist ein Beispiel von vielen für die Verrohung der Menschen, die immer wieder in der Bibel beschrieben wird. Auf eine Verurteilung dieser Taten Simsons durch Gott wartet man vergeblich, eine moralische Wertung findet nicht statt. Häufig wird über solche und ähnliche Textstellen gesagt, das wäre eben die damalige Zeit gewesen. Bei diesem Argument wird aber gerne vergessen, dass es sich bei der Bibel um das Wort Gottes handeln soll. Und Gott ist, geht es nach der Katholischen Kirche, die in Moralfragen höchste Instanz, damals wie heute. Also ist die Bibel entweder nicht Gottes Wort, oder der Gott der Christen ist überhaupt nicht so, wie uns die Katholische Kirche immerzu weismachen will.

Auch im Neuen Testament ist oft von Verständnis und Barmherzigkeit nichts zu spüren, auch dazu einige Beispiele. Nach dem Evangelium von Matthäus (Mt 15,22) bittet eine kanaanäische Frau Jesus, ihrer Tochter zu helfen, die von einem Dämon befallen sei. Er lehnt aber ab, weil sie nicht Israelitin sei. Und ein Sklave soll Sklave bleiben, heißt es, da jeder in dem Stand bleiben soll, in den ihn Gott berufen habe. Dies steht im 1. Brief von Paulus an die Korinther (1 Kor 7,20–21). Demnach war es also der liebe Gott, der die Sklaven in ihren Stand berufen hat. Sklaverei scheint für ihn völlig normal gewesen zu sein. Bei Johannes ist zu lesen (Joh 3,8), dass ein sündiger Mensch vom Teufel abstamme, denn der sündige von Anfang an. Sündhaft im kirchlichen Sinne wird somit bedenkenlos mit teuflisch gleichgesetzt. Und im Hebräerbrief (Hebr 10,26–31) steht geschrieben, dass es für jemanden, der vorsätzlich sündige, furchtbar sein werde, dann in die Hände des lebendigen Gottes zu fallen. Den Sünder trifft voll die Härte des barmherzigen Gottes.

Im Weltgericht, am Ende aller Zeiten, wird Jesus, so heißt es nach Mt 25,41–46, all diejenigen verfluchen, die sich im Leben nicht um ihn oder seinesgleichen gekümmert haben. Und das sind demnach viele Völker, denn die Christen machen heute gerade mal ein Drittel der Weltbevölkerung aus. Die Nichtchristen werden also ihre Strafe erhalten, und das sind die ewigen Höllenqualen. Eine schwerere Strafe kann es nicht geben. Auch sonst droht er immer wieder mit der Hölle, so z.B. bei Markus (Mk 9,43–48) oder bei Lukas (Lk 12,5). Und bei Mt 15,3–9, ist zu lesen, dass Jesus, wie Gottvater, der Ansicht ist, dass nur die Todesstrafe angemessen ist, wenn jemand Vater und Mutter verflucht. Hier ist die Verhältnismäßigkeit zwischen Vergehen und Strafe nicht einmal im Ansatz gegeben. Auch empfiehlt er die Selbstverstümmelung, falls eine Hand jemanden zum Bösen verführt, etwa zum Diebstahl, um dafür nicht in die Hölle zu kommen, siehe Mk 9,43. Mit Friedfertigkeit hat das alles nichts zu tun, und mit Gerechtigkeitssinn und göttlichem Verständnis schon gar nichts.

Interessant ist, dass Jesus bei seinen Höllenstrafen einem Irrtum erlegen ist. Denn in eine Hölle, in der das Feuer nie ausgehen soll, kommen bekanntlich die Seelen der auf diese Weise Bestraften. Das jedenfalls glauben die Christen, weil es ihnen die Kirche erzählt. Nur haben die Seelen, das sagt die Kirche, keinen Körper und somit auch keine Nerven. Schmerz empfinden können sie also nicht, wenn es sie denn gibt, wodurch eine so beschriebene Höllenstrafe überhaupt kein Problem darstellt, da es sie nicht geben kann. Wir werden im letzten Kapitel sehen, dass sich die Höllenstrafen inzwischen geändert haben.

Fazit der Betrachtungen: Dieses Heilige Buch ist kein heiliges Buch. Es enthält nicht die allgütigen, barmherzigen und gerechten Worte des christlichen Gottes. Denn wie gesehen ist der beschriebene Gott weder allgütig noch barmherzig noch gerecht. Sondern dieses Buch ist einfach das Abbild einer archaischen Gesellschaft, aus der Sicht der damals lebenden Menschen.

Offenbarungen

Gläubige verweisen gerne auf so genannte Offenbarungen, in denen sich der von ihnen verehrte Gott den Menschen mitgeteilt habe. Sie seien ein Beweis dafür, dass ihr Glaube der richtige sei. Wenn es danach ginge, dann müsste es sich bei den vielen Religionen auf der Welt auch um viele Wahrheiten handeln, die dann allerdings alle verschieden sein müssten. Denn es gab und gibt zahlreiche Offenbarungen. Dies sind Mitteilungen, die gläubige Menschen von ihrem Gott erhalten haben wollen, für die man aber neutrale Zeugen stets vergeblich sucht. Sie können auch von einem Gottesboten, z.B. einem Engel, überbracht worden sein. Der Mensch, der solch eine Offenbarung gehabt haben soll, wird in der Religion als Prophet bezeichnet, was soviel wie Sendbote oder Voraussager bedeutet. Für nicht wenig gläubige Christen ist die heilige Bibel insgesamt ein einziges Prophetenbuch, wohlgemerkt ein christliches Prophetenbuch.

Wie lässt sich nun eine Offenbarung genauer definieren? Eine Offenbarung hat jemand gehabt, der vorgibt, eine gehabt zu haben. Der einzige Beweis dafür sind nämlich nur die Worte des selbst ernannten Propheten. Bekannte „Propheten" des Alten Testaments sind z.B. Jesaia, Jeremia oder Ezechiel. Es handelt sich also dabei nicht um Propheten, sondern vielmehr um Menschen, die ein Prophet sein wollen oder sollen. Dass sie Gottes Wort verkündigen, also in diesem Sinne ein Prophet sind, kann man nur glauben. Sie können es aber nie beweisen, weswegen die Äußerungen auch kein Beweis für einen Gott sein können, was aber religiöse Menschen sagen. Vielleicht aus ihrer Gläubigkeit heraus, vielleicht aber auch wegen ihrer Leichtgläubigkeit. Betrachten wir als nichtchristliche Religion etwa den Islam, so behauptete Mohammed, dass ihm über 22 Jahre lang ein Engel erschienen sei, der ihm Allahs Meinung zu den verschiedensten Dingen mitgeteilt habe. Das Ergebnis sei der Koran, in dem alles aufgeschrieben wurde. Wer hat aber diesen Engel jemals gesehen? Niemand außer Mohammed. Oder wenigstens gehört? Niemand sonst. Trotzdem sagen alle, auch Christen, er sei ein Prophet gewesen. Richtig muss es heißen: Er wollte einer gewesen sein. Und diese unbewiesene Tatsachenbehauptung war dann die Grundlage für eine Weltreligion?

Wenn heutzutage jemand einem katholischen Theologen erzählen würde, ihm sei ein Engel erschienen, dann würde der vermutlich nur schmunzeln. Andere, die das auch hören, würden sich fragen, ob dieser jemand vielleicht zu tief ins Glas geschaut hat. Und wiederum andere wären dafür, dass derjenige zur Beobachtung in eine psychiatrische Klinik eingeliefert werden sollte. Nur früher wurden solche Erzählungen bedenkenlos für die Wahrheit gehalten. Niemand fragte danach, ob es dem „Propheten" etwa einzig und allein um die Macht über andere Menschen ging. Denn indem er sagte, ein Gott spreche durch ihn, schuf er sich gleichzeitig einen mächtigen Verbündeten, und viele waren bereit, ihn deswegen als Führer anzuerkennen. Auch kann es durchaus so gewesen sein, dass der Weissagende psychisch krank war und deswegen fantasierte. Und auch Wichtigtuer werden sich als Prophet betätigt haben.

Gottes Evolution

Es heißt, Gott habe die Menschen nach seinem Ebenbild erschaffen. Obwohl man wegen der – inzwischen auch von der Kirche anerkannten – Evolution von einer Erschaffung des Menschen schon lange nicht mehr reden kann, hätte dennoch dieser Gott, sagt die Kirche, die Evolution derart beeinflusst, dass am Ende der Mensch in seiner bekannten Form entstanden sei, als Ebenbild des christlichen Gottes. Dazu sei bemerkt, dass man bei einer Evolution, die von einer Person gesteuert worden ist, nicht mehr von Evolution sprechen kann. Denn der Begriff Evolution ergibt sich aus dem lateinischen Wort *evolvere,* was „entwickeln" bedeutet. In der deutschen Sprache versteht man darunter hauptsächlich die biologische Evolution, also die Veränderung der Lebewesen von Generation zu Generation. Auf diese Weise können sie sich an veränderte Verhältnisse anpassen und haben deswegen einen Überlebensvorteil.

Am Beginn allen tierischen und menschlichen Lebens auf der Erde stand ein einzelliges Lebewesen, das der Ausgangspunkt für die evolutionäre Bildung auch des modernen Menschen war. Wenn also der liebe Gott für alles verantwortlich sein soll, und welcher Theologe wird das bezweifeln, so muss er dieses einzellige Lebewesen erschaffen haben. Wollte er mal sehen, was bei der Evolution so herauskommt?

In der Katholischen Kirche gibt es verbindliche Lehr-sätze, die als Dogmen bezeichnet werden. Jedes dieser Dogmen soll die ewige Wahrheit des katholischen Glaubens beinhalten. Das sagt die Kirche. Da Gott nach dem Dogma 22 auch in die Zukunft schauen kann, muss er gesehen haben, dass sich auf der

Erde zum Teil riesige und auch teilweise furchtbare Dinosaurier bilden würden, die er nach ca. 170 Millionen Jahren Lebenszeit wie auch immer weltweit vernichten musste, da sonst der Mensch nicht überleben könnte. Und das sollte ja sein, wenn auch ein Adam und eine Eva nicht dabei sein würden. Die Dinosaurier hatten dem christlichen Gott ja eigentlich nichts getan. Außerdem heißt es ja, Gott liebe die Tiere. Wobei sich aber die Frage stellt, wie es sich mit Gottes Tierliebe verhält, wenn beispielsweise an einer Wasserstelle in Südafrika Antilopen, die zum Trinken gekommen sind, von Krokodilen gerissen werden.

Jedenfalls waren viele der Dinosaurier trotz Gottes Tierliebe körperlich einfach zu groß geraten. Wenn ein Gott das alles vorhersehen konnte, hätte er, da er doch allgütig sein soll, die Dinosaurier nicht einfach entsprechend kleiner konzipieren können, obwohl er zu diesem Zweck wieder in die Evolution hätte eingreifen müssen? Das hätte doch für einen allmächtigen Gott nun wirklich kein Problem darstellt. Und auf diese Weise würden diese Tiere vielleicht bis in die heutige Zeit leben können, und sie wären eine Bereicherung für jeden Zoo gewesen. So wurden fast alle Dinosaurier grausam vernichtet. Da scheint der liebe Gott wohl falsch gedacht zu haben.

Die Dogmen

Die zurzeit 245 Dogmen werden von der Kirche als „de fide" bezeichnet und stellen damit die höchste Glaubensgewissheit der Katholischen Kirche dar. Der Begriff einer Glaubensgewissheit ist allerdings ein Widerspruch in sich selbst, denn das Wort „Glauben" in Verbindung mit dem Wort „Gewissheit" widerspricht sich. Was man nur glaubt, dessen kann man nicht gewiss sein. Trotzdem werden diese Dogmen von der Katholischen Kirche mit der unverrückbaren Wahrheit gleichgesetzt.

Sie bestehen aus zumeist kurzen Sätzen, die darüber Auskunft geben sollen, welche Fähigkeiten der Gott der katholischen Christen haben soll und was die Gläubigen von ihm zu erwarten haben. Das Niveau der dafür verfassten Texte entspricht zum Teil einer schulischen Anweisung für ABC-Schützen. So lautet das Dogma 94: *Christus hat durch sein Leiden und Sterben Lohn von Gott verdient.* Was soll ein Gläubiger mit solch einem Satz anfangen? Und obwohl gläubige Katholiken sich sicherlich selten in diese Dogmen vertiefen, müssten sie dennoch davon ausgehen können, dass sie diese auch grundsätzlich verstehen können. Als Beispiel dafür sei das Dogma 113 genannt, es lautet: *Die Gnade kann durch natürliche Werke weder de condigno noch de congruo verdient werden.* Es bleibt zu hoffen, dass wenigstens die Theologen diesen Satz verstehen, wobei das mit Bildung nicht viel zu tun hat. Hier werden halt Lateinkenntnisse verlangt.

Der Himmel, der für die Gläubigen auch heutzutage immer noch das Ziel ihres Erdenlebens ist, und der außerdem beruhigt, weil mit dem Tod nicht alles zu Ende sein soll, ist inzwischen durch das Weltall ersetzt worden. Obwohl niemand mehr sagen kann, wo denn der (religiöse) Himmel eigentlich sein könnte, ist er aber weiterhin sozusagen der Wohnort des Gottes. Zu dem strebt nicht nur jeder Gläubige freudig hin, sondern auch Jesus selbst. Darauf nehmen auch die Dogmen Rücksicht, und Dogma 97 lautet deswegen:

> *Christus fuhr mit Leib und Seele in den Himmel auf*
> *und sitzt nun zur Rechten des Vaters.*

Die von der Kirche autorisierten vier Evangelien beschreiben das Leben von Jesus. Zwei der Evangelisten, und zwar Markus und Lukas, erwähnen ganz am Schluss ihres Berichtes in einem einzigen Satz, dass Jesus in den Himmel aufgenommen worden sei. Das hat die Katholische Kirche mit dem Dogma 97 einfach so übernommen. Wie diese „Himmelfahrt" geschehen sein soll, darüber wird in den Evangelien nichts ausgesagt. Den Evangelisten Matthäus und Johannes war dieses nun wirklich phänomenale Ereignis einer Aufnahme in den Himmel keine einzige Zeile wert. Die Mutter von Jesus hat sich an Markus und Lukas gehalten und es ihrem Sohn nachgemacht, denn Dogma 104 lautet:

> *Maria wurde mit Leib und Seele*
> *in den Himmel aufgenommen.*

Als Maria damals gestorben war, war das noch lange kein Thema. Erst im Jahre 1950 haben die katholischen Gläubigen offiziell von Papst Pius XII. erfahren, dass neben ihrer Seele auch ihr Körper nach ihrem Tod in den Himmel gekommen sein soll. Dass eine absolut körperlose Seele in den Himmel, wo immer der auch sein mag, aufgenommen werden kann, also auch die Seelen von Jesus und Maria, ist sicherlich nicht das Problem. Man muss eben nur an die Seele glauben, sehen könnte man dabei sowieso nichts. Aber die Aufnahme eines Leibes in den Himmel kann sich dabei niemand vorstellen. Zwar weiß keiner, weder ein gläubiger Katholik noch der Papst, wo dieses Ziel liegt, aber auf jeden Fall müsste sich ein Körper zunächst einmal nach oben bewegen, dem natürlich die Schwerkraft entgegenwirken würde. Also die müsste der liebe Gott für diesen Zweck schon mal ausschalten. Inzwischen waren Astronauten nicht nur auf dem Mond, sondern seit dem November 2000 befinden sich stets Astronauten aus verschiedenen Ländern in einer internationalen Raumstation, die unsere Erde permanent umkreist. Aber noch nie wurde von den Astronauten etwas gesichtet, das so aussah wie ein Himmel.

Folgerichtig hatte Papst Johannes Paul II. bereits ab 1999 des Öfteren erklärt, Himmel und Hölle seien nur Zustände, keine definitiven Orte, was dann der Anlass für Proteste in der Katholischen Kirche war. Ihm war wohl klargeworden, dass der Begriff eines Zustands mit dem realen Universum sozusagen nicht kollidieren konnte. Denn während der Himmel früher immer oben war, konnte man ihn inzwischen nicht mehr lokalisieren. Auf diese Weise ging der Papst natürlich jeglichen Fragen nach dem Ort eines Himmels im weiten Universum aus dem Wege. Nur in praxi vorstellen kann man sich diesen Zustand „Himmel" nicht.

Die Katholische Kirche sollte ihre Dogmen generell überarbeiten, damit die Wahrheit nicht zunehmend zur Unwahrheit wird. Und bei den Dogmen 97 und 104 sollte sie jetzt schreiben, dass Christus mit Leib und Seele in den Zustand Himmel gefahren ist und Maria ebenfalls mit Leib und Seele vom Zustand Himmel aufgenommen worden ist. Die Kirche darf aber ihren Gläubigen nicht mehr mitteilen, dass Christus, wie es bislang heißt, aufgefahren sei, denn Zustände kennen ja keine Richtung.

Argumente

Kreationismus ist ein Wort der lateinischen Sprache und bedeutet „Schöpfung". Ein Kreationist glaubt, dass das Leben, auch der Mensch und das gesamte Universum genau so entstanden sind, wie es in der Bibel geschrieben steht. Die Evolutionstheorie wird rundweg abgelehnt. Die Kreationisten sind fundamentale Christen, die vor allem zu den evangelikalen Christen in den USA gehören. Wenn ein Biologe einem Kreationisten die Funktion der Desoxyribonucleinsäure (DNS), des Trägers der Erbinformation, erklärt, dann wird dieser zumeist nicht allzu viel verstehen können. Denn vom Fach selbst hat der Kreationist im Normalfall natürlich keine Ahnung, ein Katholik oder Protestant im Allgemeinen ebenso wenig. Aber das unschlagbare Gegenargument eines Kreationisten lautet:

Das glaube ich nicht.

Damit unterstellt er mit anderen Worten allen Wissenschaftlern, die sich weltweit fachlich mit der Evolution beschäftigen, dass diese offenbar ihren Beruf verfehlt hätten. Der Mensch sei nämlich so entstanden, wie es im Buch Genesis/AT nachzulesen ist, nämlich als Schöpfung Gottes. Kreationisten haben keinerlei Zweifel, dass das, was in der Bibel steht, wahr ist, und das, was die Wissenschaft dazu sagt, unwahr ist. Dabei gehen sie sogar noch einen Schritt weiter, denn für sie gilt außerdem:

Die Bibel ist die Grundlage jeglicher Wissenschaft.

Nach ihrer Überzeugung handelt es sich im Buch Genesis des Alten Testaments um nichts Geringeres als die Wissenschaft der Schöpfung, was immer das in der Bibel auch sein soll. Dass Gott aus einer Rippe Adams seine Eva geformt haben soll, wie es in der Bibel zu lesen ist, ist vielleicht ein nettes Märchen, hat aber mit Wissenschaft nichts zu tun. Denn die Kreationisten haben den Begriff Wissenschaft, hier der Naturwissenschaften, offensichtlich nicht verstanden. Die mit wissenschaftlichen Methoden erlangten Erkenntnisse ermöglichen, in Form von Hypothesen, Theorien und Gesetzen die ursächlichen Zusammenhänge in Natur und Technik zu definieren, sie zu erklären und auf dieser Grundlage neue Zusammenhänge vorauszusagen. In diesem Sinne ist Religion also eine pseudowissenschaftliche Disziplin. Denn hier geschieht alles nur, weil es ein Gott so will. Allerdings werden in der Bibel zeitliche Angaben zu der Schöpfung durch einen Gott nicht gemacht, wodurch eine zeitliche Zuordnung des dort beschriebenen Geschehens nicht möglich ist. Das Alter der Welt geben die Kreationisten, auf Grundlage der Bibel, mit 6000 bis maximal 10000 Jahren an. Die Wissenschaft geht von ungefähr 4,5 Milliarden Jahren aus. Diese riesige Diskrepanz lässt nach kreationistischer Auffassung nur den Schluss zu, dass am naturwissenschaftlichen Fachverstand der beteiligten Wissenschaftler arg gezweifelt werden muss. Dazu ist zu sagen, dass die vorherrschende wissenschaftliche Lehrmeinung mit dem Paradies des Alten Testaments (AT) schon lange nichts mehr anfangen kann. Zur Entstehung unseres Planeten siehe „Die Erschaffung der Welt".

Nun kann man die Betrachtungsweise der Kreationisten sicherlich nicht einem katholischen Gläubigen anlasten. Denn für ihn ist die Bibel Gottes Wort, weil es ja seine Kirche immer wieder sagt. Und da der Gott nicht lügen wird, ist alles so gewesen, wie es in dem Heiligen Buch geschrieben steht.

Im Garten Eden

Noch vor ein paar Jahrzehnten war für die Kirche die Evolution irrelevant, denn das menschliche Leben begann für sie nach wie vor mit Adam und Eva. Nicht wenige Pastoren predigen auch heute noch von der Kanzel vom Paradies und dem ersten Menschenpaar, denn so steht es ja in ihrem Alten Testament. Denn die Kirche kann die Bibeltexte wegen einer besseren Akzeptanz sachlich nicht vollständig verändern, sie kann sie nur, wenn es denn sein muss, interpretieren, damit sie danach in einer Neuausgabe mit neuem Wortlaut weiterhin in der Bibel stehen dürfen. Und das tut die Kirche auch, weil ihr sonst langsam die Felle wegschwimmen. Während es noch als unantastbare und ewige Wahrheit im Dogma 54 heißt, dass der erste Mensch, gemeint ist Adam, von Gott erschaffen wurde, soll jetzt Adam für den Menschen an sich stehen. Dieser sozusagen allgemeine Mensch trägt also den Namen Adam. Welcher Mensch ist denn damit gemeint, der moderne Mensch (Homo sapiens), der Neandertaler oder sonst eine Menschenart? Die Kirche muss aufpassen, dass sie dabei den Affen nicht ins Gehege kommt. Steht dann übrigens Eva für die Frau an sich? Für die nachfolgende Betrachtung können wir aber im Bild des Alten Testaments bleiben, denn ob ein Mensch gemeint ist oder viele auch in der Art verschiedene Menschen gemeint sind, spielt hierbei keine Rolle. Wir wissen zwar, dass es das erste Menschenpaar, also Adam und Eva, im Gegensatz zu früher nicht gab, aber hier geht es gar nicht um den Wahrheitsgehalt irgendeiner Geschichte, sondern darum, wie sich dabei der göttliche Schöpfer verhalten haben soll.

Im 2. Kapitel des Buches Genesis des Alten Testaments (Gen 2) verbietet Gott Adam, im Garten von Eden die Früchte vom Baum der Erkenntnis von Gut und Böse zu essen. Natürlich konnte Gott sozusagen als Besitzer des Gartens solch ein Verbot aussprechen, aber das Dogma 22 der Katholischen Kirche führt dann zu Schwierigkeiten, da es vollständig lautet:

Gott erkennt alles Wirkliche in Vergangenheit,
Gegenwart und Zukunft.

Wenn also Adam und Eva Früchte vom Baum der Erkenntnis essen würden, obwohl es Gott nicht erlaubt hat, dann muss es dieser beim Aussprechen des Verbots bereits gewusst haben. Die beiden Menschen hatten also keine Chance, sich doch an Gottes Worte zu halten, da alles Zukünftige bereits festgelegt war, und zwar durch Gott selbst. Sie mussten also das Verbot missachten, da Gott dies ja schon vor der Tat gewusst hat. Demnach hat Gott die beiden wissentlich ins Verderben rennen lassen, für wahr hinterhältig. Die Katholische Kirche wäre deshalb gut beraten, das Dogma 22, bezogen auf das Zukünftige, zu überdenken und zu ändern, denn nur dann hätten sich Adam und Eva letztlich doch noch an das Verbot halten können. So mussten die beiden das Paradies verlassen, und die erste Sünde gegen Gott war in der Welt. Aber darauf kommt es der Kirche ja an. Denn wenn die Menschen nicht sündig wären, wozu brauchten sie dann noch die Kirche? Generell muss man also sagen, dass z.B. jedes Verbrechen auf der Welt letztlich nur deshalb geschieht, weil Gott es bereits vorher gewusst haben soll. Das Verbrechen muss also wegen des Dogmas geschehen, auch wenn es sich der Verbrecher doch noch anders überlegen würde, wenn er dürfte. Ein wirklich seltsames Dogma. Der Gott der katholischen Christen ist nämlich immer so, wie es ihm seine Kirche in den Dogmen vorschreibt. Denn diese stammen nicht von ihm.

Die Götter der Christen

Der liebe Gott ist nicht allein, denn die Göttlichkeit verteilt sich, geht man von der kirchlichen Lehre aus, auf drei Personen, die, jede für sich, ein Wesen darstellen soll. Da wäre zum einen Gottvater, sozusagen der Urgott, der im Alten Testament Jahwe genannt wird und den die Juden und die Christen gemeinsam verehren. Dann soll es Gottsohn geben, womit Jesus gemeint ist, und schließlich Gott Heiliger Geist, unter dem man sich trotz aller gutgemeinter Versuche keine Person vorstellen kann. Besser gesagt, man kann sich darunter eigentlich überhaupt nichts vorstellen, auch ein Theologe sollte das zugeben. Ungeachtet dessen soll dieser Teilgott also ebenfalls eine Person sein. Alle drei Personen bilden die Dreifaltigkeit oder Trinität Gottes, sagt die Kirche. Demnach gibt es nur einen Gott, der sich auf die drei genannten Personen aufteilt, was natürlich jeder sofort nachvollziehen kann. Dies gilt endgültig seit der Synode von Toledo im Jahre 675.

Diese Trinität wird in der gesamten Bibel nie als solche erwähnt, was bei der Jahreszahl der Synode von Toledo auch kein Wunder ist. Aber es fehlt nicht an theologischen Bemühungen, durch scheinbar geeignete Interpretation des biblischen Textes zu zeigen, dass die Trinität doch bereits im Alten Testament erwähnt wird. Hier soll nur ein Beispiel angeführt werden. Bereits zum Beginn des Schöpfungskapitels in Gen 1,2 des Alten Testaments steht u.a.:

...... *und Gottes Geist schwebte über dem Wasser.*

Die Theologen sehen diese Zeile gleich zu Beginn als Hinweis auf einen Gott Heiliger Geist und damit auf die Trinität an. Dabei ist diese Formulierung auch heute noch durchaus üblich und hat rein gar nichts mit einem Gott Heiliger Geist zu tun. Hier zwei Beispiele für die sprachliche Normalität dieser Ausdrucksweise. So spricht man z.B. vom Geist des Chefs, der die Arbeit seiner Abteilung in der Firma bestimme. Oder man spricht vom Geist der Mutter, der sich im Verhalten ihrer Kinder erkennen lasse. Andererseits können wir uns weitere Textbeispiele des Alten Testaments als „Beweis" für die Trinität sparen. Denn bei allem wird gerne vergessen, dass wir von der Trinität frühestens erst im Neuen Testament erfahren haben können, denn dazu sagt im dortigen Evangelium nach Markus (Mk 1,11) Gott, nachdem Jesus von Johannes getauft worden ist:

> *„Du bist mein geliebter Sohn,*
> *an dir habe ich Gefallen gefunden."*

Aus dieser Formulierung geht eindeutig hervor, dass Jesus Gottes Sohn sein soll. Wobei Maria seine Mutter und Josef sein Ziehvater sein sollen. Wir kennen die Geschichte seiner Geburt in Bethlehem, und im Grunde deswegen feiern wir jedes Jahr am 25. Dezember das Weihnachtsfest. Zu den Zeiten des Alten Testaments, zum Teil Hunderte von Jahren vorher, war Jesus somit noch lange nicht geboren. Es gab also weder einen Menschen Jesus noch einen Gott Jesus. Und da noch nie jemand behauptet hat, Gott habe mehr als einen Sohn, ist es somit unmöglich, dass es im Alten Testament bereits Beispiele für die Trinität geben soll. Oder gibt es etwa neben Gottvater, Gottsohn und Gott Heiliger Geist noch eine vierte Person Gottes? Da man diese Frage verneinen muss, bleibt es dabei: Die Trinität Gottes wurde erst im Jahre 675 abgesegnet.

In den monotheistischen Religionen gibt es jeweils nur eine Gottheit, die also bei den Christen aus drei Personen bestehen soll. Neben dem Christentum sollen hier der Islam und der jüdische Glaube angeführt werden. Christen sagen gerne, dass die Anhänger dieser drei Religionen eigentlich alle an denselben Gott glauben würden, der eben nur anders heißt. Allerdings stehen die Christen mit dieser Meinung alleine da. Im Islam lehnt man nämlich die Trinität rundweg ab, Allah müsse niemand beigesellt werden. Auch im jüdischen Glauben kennt man nur den Gott Jahwe. Während im Christentum Jesus ein Gott ist, wird er im Islam als ein Prophet angesehen, allerdings als Prophet vor Mohammed. Und im jüdischen Glauben ist Jesus sogar nur ein Wanderprediger. Das zeigt also, dass die Gottesvorstellungen in diesen drei monotheistischen Religionen völlig verschieden sind. Eine Trinität des verehrten Gottes wird im Islam und im Judentum, anders als im Christentum, nicht gelehrt.

Die Realität auf Erden

Das Kennzeichen der meisten Götter auf der Welt ist, und es gibt ja sehr viele Götter, dass sie zumindest allmächtig sein sollen. Der Gott der Christen, der dreigeteilte Gott Jahwe, dreigeteilt weil dreifaltig, soll darüber hinaus auch noch allgütig sein, barmherzig und gerecht gegen jedermann. Dies sind Lehraussagen der Katholischen Kirche, die als Dogmen einen unumstößlichen Wahrheitsanspruch besitzen sollen, auch wenn die Realität auf unserer Welt etwas gänzlich anderes aussagt. Diese kirchlichen Wahrheiten haben mit Wahrheit wenig zu tun. Ein weiterer schwerwiegender Nachteil der Dogmen besteht dann darin, dass sie kein Verfallsdatum besitzen. Denn sie sind nicht nur von der Realität zum Teil längst überholt worden, sondern ebenso von der Wissenschaft. Dadurch sind sie teilweise längst nicht mehr gültig und machen die Katholische Kirche damit in gewisser Weise lächerlich. Außerdem sagt die Kirche, ihr Gott liebe die Menschen. Auch darüber gibt es widersprüchliche Meinungen. So geht man im jüdischen Glauben davon aus, dass der Herrgott das Volk Israel besonders liebe, weshalb er sich dieses Volk für seinen Bund ausgesucht habe. Allerdings hat dieser Bund mit Gerechtigkeit nichts zu tun, denn weltweit konnten Millionen von Menschen keinen Bund mit diesem Gott eingehen, weil der nicht wollte oder weil sie gar nicht von ihm wussten, was eine klare Bevorzugung des Volkes Israel darstellt. Ein Gott, der gerecht gegen jedermann sein will, tut so etwas Ungerechtes nicht. Der einzige Grund dafür ist, dass es so in der Bibel steht. Und wieder kann man sehen, dass die

Bibel mit Gottes Wort nicht identisch sein kann, wenn der Gott der Christen so sein soll, wie die Katholische Kirche sagt.

Die Dogmen 22, 26, 28, 29 und 33 lauten der Reihe nach:

Gott erkennt alles Wirkliche in Vergangenheit,
Gegenwart und Zukunft.
Gott ist allmächtig.
Gott ist unendlich gerecht.
Gott ist unendlich barmherzig.
Gott ist die absolute wohlwollende Güte.

Wir wollen gar nicht der Frage nachgehen, woher denn die Katholische Kirche das alles so genau wissen will, sondern uns klar machen, wie denn trotz dieser Dogmen die Realität auf der Welt aussieht.

Wie jeder weiß und jeden Tag aufs Neue erfährt, kann das Leid auf der Welt, Leid, dem Menschen aber auch Tiere ausgesetzt seien können, unvorstellbar groß sein. Kinder werden mit der Krankheit Aids geboren, oder sie erkranken in jungen Jahren unheilbar an Krebs. Sie verlieren ihre Eltern durch einen Autounfall und müssen alleine weiterleben. Weltweit sterben Tag für Tag Tausende von Kindern an Hunger. Eineiige Zwillinge bleiben nach der Geburt körperlich miteinander verbunden, man nennt sie allgemein siamesische Zwillinge, und sie sind dadurch oft ihr ganzes Leben lang aneinander gekettet. Menschen verlieren durch einen Berufsunfall beide Beine und sind für den Rest ihres Lebens, wenn sie am Leben teilhaben wollen, auf einen Rollstuhl angewiesen. Oder sie werden, eine Laune der Natur, ohne Arme und Beine geboren. Immer wieder bedrohen Viren die Menschen, so z.B. das Ebola-Virus, dem viele Menschen zum Opfer fallen. Allein im Jahre 2014 starben deswegen in einigen westafrikanischen Ländern nach Angaben der Weltgesundheitsorganisation über 11000 Menschen, dabei ist die Dunkelziffer entschieden höher anzusetzen.

Während der Nazidiktatur wurden im 2. Weltkrieg in Europa 6 Millionen Menschen jüdischer Herkunft systematisch ermordet. Die beiden Atombombenabwürfe von 1945 auf die japanischen Großstädte Hiroshima und Nagasaki brachten mehr als 200000 Japanern einen grausamen Tod. Die Spätfolgen waren fürchterlich. In Kambodscha fielen bis 1978 den Roten Khmer als Folge von Massenmorden an der kambodschanischen Bevölkerung nach Schätzungen über 2 Millionen Kambodschaner zum Opfer. Allen bekannt ist der Völkermord in Ruanda, bei dem im Jahre 1994 mehr als 800000 Angehörige der Tutsi ermordet wurden, Frauen, Männer, Greise, aber auch Neugeborene und Kinder. Und während des Bosnienkrieges wurden im Jahre 1995 in der Nähe von Srebrenica ungefähr 8000 muslimische Flüchtlinge getötet (Massaker von Srebrenica).

Auch fordern Erdbeben, Tsunamis und Vulkanausbrüche viele Opfer. So erschütterte im Jahre 1755 ein Erdbeben die Stadt Lissabon, die dadurch fast vollständig zerstört wurde. Man schätzte, dass dabei bis 100000 Menschen ihr Leben gelassen haben. Im Jahre 1976 kam es in Tangshan (China) zu einem Erdbeben, bei dem offiziell weit über 200000 Tote gezählt wurden, inoffiziell geht man von 800000 Toten aus. Gegen Ende des Jahres 2004 verwüsteten Tsunamis ganze Küstenstreifen auf Sumatra, in Sri Lanka und in Indien sowie weiterer Staaten und forderten etwa 230000 Menschenleben, fast 2 Millionen Menschen wurden dabei obdachlos. Und 2010 war in Haiti ein schweres Erdbeben, bei dem mindestens 300000 Todesopfer zu beklagen waren. Von den unzähligen Vulkanausbrüchen im Laufe der Jahrhunderte sei nur der von 1883 genannt. Der Ausbruch des Vulkans Krakatau in Indonesien forderte mehr als 36000 Menschenleben. Man könnte diese Reihe fast beliebig fortsetzen.

Das war und ist die Realität, und sie hat mit Dogmen, die das Gegenteil behaupten, absolut nichts zu tun. Man kann sich überhaupt nicht vorstellen, warum die Katholische Kirche solche unrealistischen Dogmen aufgestellt hat. Der liebe Gott wird es ebenfalls nicht wissen. Die übrigen 240 Dogmen sind genauso wirklichkeitsfern, nichtssagend oder sogar falsch. So lautet das Dogma 54: *Der erste Mensch wurde von Gott erschaffen.* Jeder, der ein bisschen auf seine Worte achtet, weiß, dass der Mensch sich durch die Evolution entwickelt hat. Adam gab es nur im Paradies, und das ist ein Märchen. Vor 50 Jahren war das noch die unwiderrufliche Wahrheit, zumindest für die Gläubigen.

Arche Noah

Während inzwischen selbst unsere beiden Großkirchen die Geschichte von der Arche Noah als das ansehen, was sie ist, nämlich als eine erfundene Erzählung, ist für die wachsende Gruppe der Evangelikalen – nach Schätzungen bekennen sich bereits weit über 1 Million Gläubige in Deutschland zu den evangelikalen Christen – die Geschichte von der Arche Noah genau so real, wie sie im Alten Testament steht. Nur noch die evangelikalen Christen scheinen in der Bibel das ausschließliche Wort Gottes zu sehen. Gott war demnach auch ein großer Geschichtenerzähler. Denn wenn die Bibel Gottes Wort sein soll, dann gilt das eben auch für die Märchen. Aber es spricht nichts dagegen, wenn man sich trotzdem ernsthaft mit einer damaligen so genannten Sintflut beschäftigt. Hier wird auf einfache Weise gezeigt werden, dass die Geschichte von Noah, wie sie im Alten Testament steht, so einige Fragen aufwirft. Wie immer ist der Wahrheitsgehalt eines Märchens nicht allzu groß.

Alle Menschen auf der Welt – über die Welt erfährt man im Alten Testament nichts – waren bei Gott in Ungnade gefallen, sodass er sie durch eine Sintflut vernichten wollte. Hierzu gehörten etwa die Eskimos des nördlichen Polargebiets genauso wie beispielsweise die Steppenreiter in den Weiten Asiens. Nur Noah nebst Familie hielt er für gerecht, obwohl das bei den vielen Menschen, die es damals auf der Welt schon gab, bestimmt nicht zutreffen konnte. Aber wir wissen ja, dass Gerechtigkeit nicht die Sache von Gott war. Jedenfalls sollten Noah und die Seinen in der Arche überleben. Ebenso mussten fast alle Tiere sterben, was man bei einem barmherzigen Gott überhaupt nicht verstehen kann. Denn Tiere handeln stets nur so, wie es ihnen die Natur vorgibt. Dass hätte auch ein Gott wissen müssen, schließlich hat er sie doch erschaffen, oder? Die Arche, die Noah mit seinen Söhnen auf Gottes Geheiß hin gebaut haben soll, war 300 Ellen lang, 50 Ellen breit und 30 Ellen hoch gewesen (Gen 6,15). Je nach verwendetem Ellenmaß entsprach das in der Länge mindestens 130 m, in der Breite über 20 m und in der Höhe über 13 m. Ein von der Größe her beeindruckendes Schiff. Unmengen von Bäumen hätten dafür gefällt und bearbeitet werden müssen. Darüber erfährt man nichts, obwohl das wesentlich für einen Schiffbau mit Holz ist.

Noah hatte drei Söhne. Wie konnten somit 4 Erwachsene ein so großes Schiff bauen? Die Frauen werden ja wohl nicht mit gebaut haben, das passte gar nicht in diese Zeit. Und man fragt sich: Woher hatten sie die berufliche Fähigkeit eines Schiffbauers, denn die war dabei unbedingt erforderlich? Außerdem hatte dieses Schiff trotz der zum Teil detaillierten Bauanweisungen Gottes weder Antrieb noch Steuerung und wäre damit Wind und Wellen hoffnungslos ausgesetzt gewesen. Warum hatte Gott denn ausgerechnet die Steuerung vergessen?

Die Menschen hatten Gott verärgert, und die Tiere mussten gleich mit sterben. Es wäre das größte Tiermorden der Geschichte gewesen, wenn diese Geschichte Geschichte gewesen wäre. Von allen Tieren sollte Noah je 1 Weibchen und 1 Männchen mit in die Arche nehmen. Es gibt weltweit über 1 Million verschiedene Insekten. Wie konnten sie eingefangen werden, wie konnte jemand bei diesen ohne biologisches Vorwissen das Geschlecht erkennen? Wie konnte Noah z.B. zwei Mücken einfangen, und dann noch ein Weibchen und ein Männchen? Die Arche war mehr als 11 Monate unterwegs (Gen 8,5–6), und die Tiere brauchten sehr große Mengen an unterschiedlichem Futter, auch die Exkremente hätten regelmäßig entsorgt werden müssen. Ein zoologisches Wissen wäre unbedingte Voraussetzung gewesen. Beispielsweise Eisbär, Pinguin, Robbe, Puma und viele Insektenarten waren und sind in völlig anderen Gebieten der Erde beheimatet, wie kamen diese auf die Arche? Und schließlich wird von nicht wenigen Gläubigen angeführt, dass auf dieser Arche auch Platz für allerdings kleine, das wird zugestanden, Dinosaurier war. Dass diese Tierart, die einmal für Millionen von Jahren die Erde beherrschte, vor rund 65 Millionen Jahren ausgestorben ist, das wird nicht erwähnt. Auch mit der Evolution hat man nicht viel im Sinn. Die einzige Tierart, für die sich durch die Sintflut nicht viel änderte, waren die Fische. Dabei können die Meeresfische, die eigentlich in Salzwasser leben, auch im Süßwasser überleben. Und nicht wenige Fischarten können sowohl im Meerwasser als auch im Süßwasser überleben. Das hat Gott nicht bedacht.

Das vorliegende Kapitel zeigt deutlich, was so alles in der Bibel steht. Ein Buch, das von vielen Menschen geradezu vergöttert wird. Wenn man den Text über die Arche Noah wörtlich nimmt, und das tun auch die Evangelikalen, dann müssten diese tiefgläubigen Menschen die hier aufgeworfenen Fragen beantworten können. Und sie müssten weiterhin auf die erwähnten Fakten eingehen können. Denn ein erwachsener Mensch, der überzeugt eine Sache vertritt, der muss sich auch daran messen lassen. Und wenn er nichts zur Klärung des Sachverhalts beitragen kann, dann sollte er sich selbst fragen, was von solch einem Menschen zu halten ist.

Kein Brot fällt vom Himmel

Die Israeliten, die nach der Bibel mit der Hilfe Gottes Ägypten verlassen konnten, zogen 40 Jahre lang durch die Wüste Sinai. Weil der liebe Gott nämlich verärgert war, führte er sie deswegen auf einem 40 Jahre währenden Irrweg. Das war als Bestrafung gedacht. So steht es jedenfalls im Buch Numeri (Num 32,13) des Alten Testaments. Auch die nicht wenigen Israeliten, die keinerlei Schuld traf, mussten brav mitlaufen, 40 Jahre lang. Denn Gott ist gerecht gegen jedermann. Aber für die Ernährung der sozusagen wandernden Großstadt sorgte der liebe Gott schon. Denn täglich ließ er auf ihrer Wanderung Manna oder Himmelsbrot vom Himmel regnen (Ex 16). Diese Speise schmeckte wie Kuchen mit Honig. Ob man das 40 Jahre lang tagaus und tagein essen möchte, sei dahingestellt.

Nun gibt es zwar für den so genannten Auszug des Volkes Israel aus Ägyptern keinen einzigen Beweis, aber wir dürfen dabei nie vergessen, dass es sich bei der Bibel, wie bereits gesagt, um Gottes Wort handeln soll. Mit anderen Worten: Was in der Bibel steht, das muss die Wahrheit sein, denn Gott steht dahinter. Das sagt die Kirche, wobei es aber nur um die Frage geht, wie lange noch.

Nach Schätzungen der Vereinten Nationen aus dem Jahre 2014 sterben weltweit jeden Tag über 8000 Kinder unter fünf Jahren an Hunger. Leider gehörten sie nicht zum auserwählten Volk, weswegen sie nicht gespeist wurden. Wem die Zahl 8000 zu hoch erscheint und er deswegen die Anzahl der täglich verhungernden Kinder nur mit der Hälfte ansetzt, der muss trotzdem feststellen, dass damit pro Jahr immer noch 1,46 Millionen Kinder auf unserer Welt verhungern. Ob sich der Papst jemals die Frage gestellt hat, warum sein lieber Gott das nicht schnellstens ändert?

Gespräche mit Jesus

Jesus hatte einige Feinde, so natürlich auch den Teufel. Dieser hatte ihn, so steht es im Neuen Testament bei Lukas 4, 1–13 und Matthäus 4,1–11 geschrieben, in der Wüste dazu bringen wollen, dass er Gott abschwöre. Aber Jesus blieb stark. Dabei stellt sich die Frage, wer denn diese Versuchung Jesu bezeugen kann. Denn nur dann kann man darüber auch schreiben. Die Evangelisten als Erzähler der Geschichte scheiden aus, da sie weder Augenzeuge noch Zeitzeuge waren, was längst auch von der Kirche anerkannt ist. Eine Möglichkeit wäre, dass Jesus selbst später davon erzählt hätte, aber bei allem, was er erzählt hatte und was dann in den Evangelien stand, war dieses Ereignis nicht dabei. Also müssen es die Evangelisten über Menschen erfahren haben, die dabei waren, als der Teufel Jesus in Versuchung führen wollte. Allerdings gab es hierbei ein schwerwiegendes Problem. Dass Jesus den Teufel gesehen und gehört hatte, das ist bei einem Gottmenschen natürlich ohne weiteres möglich, aber woher wussten denn die beobachtenden Menschen, die ja auch in der Wüste gewesen sein mussten, dass neben Jesus der Teufel stand? Und hören konnten sie ihn auch nicht. Denn der Teufel ist ja für normale Sterbliche unhörbar und unsichtbar, sodass ihn ein Mensch nur schwerlich gesehen haben konnte. Wer hat also die Geschichte von der Versuchung Jesu durch den Teufel gesehen oder wenigstens gehört? Niemand, und niemand konnte demnach von einer Versuchung Jesu durch den Teufel gewusst haben, also auch nicht die Evangelisten. Aber sie haben trotzdem darübergeschrieben.

Denn Fakten schienen sie gar nicht so sehr zu interessieren, sie hatten halt einen sehr starken Glauben, das genügte.

Drei von vier Evangelisten berichten im Neuen Testament auch davon, dass Jesus zum Ölberg ging, um im Gebet mit seinem Vater, also mit Gott, zu sprechen, z.B. Lk 22,39–46. Seine Jünger begleiteten ihn nur ein Stück des Weges, denn er wollte allein beten. Als er nach dem Gebet zu ihnen zurückkam, lesen wir, fand er sie schlafend vor. Das bedeutet, dass niemand wissen konnte, dass Jesus im Gebet mit Gott gesprochen hatte, es gab dafür keinen einzigen Zeugen. Und wieder fragt man sich, woher die drei Evangelisten das dann wissen wollten.

An diesen beiden Geschichten kann man sehen, wie nachlässig die Evangelisten wichtige Teile des Neuen Testaments geschrieben haben. Es war ihnen offenbar völlig gleichgültig, wenn Textstellen überhaupt nicht logisch aufgebaut waren. Die Leser des Neuen Testaments sollten glauben, unabhängig davon, was sie gelesen hatten. Zu glauben war für sie wichtiger als zu wissen. Die Annahme ist daher sehr wahrscheinlich, dass viele Passagen des Neuen Testaments von den Evangelisten einfach so niedergeschrieben worden sind. Ihr Wahrheitsgehalt war ihnen dabei nicht so wichtig. Für die Kirche besteht das Neue Testament nur aus Wahrheiten.

Die Erschaffung der Welt

Im Buch Genesis des Alten Testaments wird beschrieben, wie Gott die Welt und den Menschen erschuf. Wir alle wissen, dass es sich dabei um ein Märchen handelt, weil das, was da zu lesen ist, mit der Realität nichts zu tun hat. Schon ein abendlicher Blick nach oben zum Sternenhimmel hätte bereits vor 60 Jahren für Zweifel sorgen müssen. Hat diese unzähligen Sterne auch ein Gott erschaffen? Und warum sollte er so unglaublich viele erschaffen haben? Leben dort auf den Sternen auch Menschen, denen dieser Gott Leben eingehaucht hat? Aber die Kirche lässt sich nicht beirren. Dabei hat bereits im Jahre 1951 Papst Pius XII. den Urknall als Beginn des Universums anerkannt, natürlich mit der Prämisse, dass der liebe Gott den Urknall verursacht habe. Nur das steht nicht in der Bibel. Heutzutage versuchen die Kirchen, die Argumente der Wissenschaft zwar durchaus anzuerkennen, aber gleichzeitig immer wieder auf die Bibel zu verweisen. So soll der von Gott wie auch immer erschaffene Mensch ein Ebenbild Gottes sein, der aber zugleich als Wesen keinen Körper haben soll. Wie passt das zusammen, wenn ihn doch keiner je gesehen hat? Die Theologen, alles studierte Leute, sind wie so oft ein Meister darin, viel zu reden und dabei nichts zu sagen. Auch für dieses Problem werden sie eine göttliche Lösung parat haben.

Der Gott der Christen ist somit bis auf weiteres, folgt man der Kirche, der eigentliche Verursacher des Urknalls, durch den das riesige Universum entstanden ist. Er schuf es aus dem Nichts (Creatio ex nihilo), heißt es. Und ihm hat niemand dabei geholfen, das sagt jedenfalls das Dogma 51 der Katholischen Kirche. Über die materielle Umgebung, in der sich währenddessen Gott aufgehalten hat, wissen wir nichts. Falls die Wissenschaft irgendwann ein neues Modell vorstellen sollte, wonach das Universum nach neuesten Erkenntnissen entstanden sein soll, dann dauert es noch eine Weile, aber dann hat der Gott der Christen laut Kirche eben das getan, was das neue Wissenschaftsmodell jetzt vorsieht, um das Universum entstehen zu lassen. Nur muss man natürlich an die Taten eines alles überstrahlenden Gottes auch göttliche Maßstäbe anlegen. Da am Urknall selbst nach dem gültigen Modell der Wissenschaft eine Temperatur von Zig Milliarden Grad herrschte, muss die Frage erlaubt sein, warum denn Gott einen energetisch so extremen Weg gewählt hatte, obwohl er doch laut Kirche nicht an die Naturgesetze gebunden war und ist. Auch wäre es aufschlussreich, zu hören, warum Gott solch ein unbeschreiblich riesiges Universum erschuf, nur damit dabei die, ab dem Urknall gerechnet erst rund 9,2 Milliarden Jahre später entstandene, doch relativ kleine Erde abfiel. Außerdem fragt man sich, warum Gott nach dieser Zeitspanne das Leben gerade auf dem Planeten Erde entstehen ließ, wo doch dieser unser Planet noch lange nicht fertig und damit eigentlich nicht bewohnbar war. Davon zeugen immer wieder Erdbeben, Tsunamis und Vulkanausbrüche. Gab es denn für uns im weiten Universum kein ruhigeres Plätzchen? Man stelle sich vor, die Raumfahrt fände einst im weiten Weltall Leben, wie wir es bezeichnen würden. Was wäre das für eine unglaubliche Herausforderung für die Kirche, wirklich unglaublich. Vielleicht erfahren wir ja dann von einer Nebenstelle des Paradieses auf dem Mars, und wir können beruhigend sagen: Keine Panik, die Evolution kommt.

Das Universum ist durchsetzt von tödlicher Strahlung. So bewahrt uns z.B. nur das Magnetfeld der Erde vor dem todbringenden sogenannten Sonnenwind unserer Sonne, einer Strahlung von geladenen Teilchen. Wurde das Magnetfeld der

Erde von Gott vielleicht nachgeliefert, weil er erkannte, dass es ohne nicht geht? Kilometergroße Festkörper kosmischen Ursprungs (z.B. Meteorite), die durch das Universum fliegen, könnten auf der Erde mit verheerenden Folgen einschlagen. Das ist nur eine Sache der Wahrscheinlichkeit. Weiterhin gibt es im Universum als Schwarze Löcher bezeichnete Objekte, die durch ihre starke Gravitationskraft nicht nur jede Materie ihrer Umgebung anziehen, sondern sogar das Licht. Es heißt doch, Gott sei allmächtig und zugleich allgütig, er liebe die Menschen. Dann ist es doch mehr als verwunderlich, dass von solch einem Gott ein so menschenfeindliches Universum geschaffen worden sein soll.

Und was war mit Gott vor dem Urknall? Dieses göttliche Wesen stand, saß oder lag völlig allein im Ich-weiß-nicht-was. Dabei wird vorausgesetzt, dass Wesen stehen, sitzen oder liegen können. War es dunkel oder war es hell, wenn es hell war, woher kam das Licht? Als direkte Folge dieser christlichen Glaubenslehre drängt sich dann die Frage auf, warum dieses Wesen nicht seit 10 Milliarden Jahren, nicht seit 10 Trilliarden Jahren, sondern seit ewigen Zeiten ohne irgendetwas, also völlig allein, im Irgendetwas sein Dasein fristete. Nicht einmal die Zweifaltigkeit geschweige denn die Dreifaltigkeit gab es damals schon, als alles begann. Also hatte Jahwe, so hieß der erste Gott der Christen, nicht einmal Götterkollegen um sich. Etwas Langweiligeres kann man sich nur schwerlich vorstellen. Für ewige Zeiten immer nur für sich alleine zu sein. Andere Götterkollegen scheiden aus, da es sie nicht gibt. Warum nicht? Weil die christliche Religion die einzig wahre sein soll, sagt die Kirche. Ob die Milliarden Andersgläubigen auf der Welt wissen, dass es ihre Götter gar nicht gibt? Und als dann das Universum erschaffen worden war, war die unvorstellbare Zeit von rund 10 Milliarden Jahren lang nichts anderes als tote Materie für ihn da, bis das Leben auf der Erde begann. Was ergibt das für einen Sinn?

Nicht wenige Leser werden zu diesem Thema sagen, dass doch das Universum und damit auch unsere Erde einmal entstanden sein müssen. Sicherlich, nur ist für uns Menschen dieses Universum nicht nur unbegreiflich, sondern auch unergründlich. Die Frage, warum es sich gebildet hat, wird der Mensch wahrscheinlich nie beantworten können. Es ist aber wirklich zu einfach, dann stellvertretend einen christlichen Gott für die Bildung des Universums verantwortlich zu machen und das Problem dadurch sozusagen nach hinten zu verlagern. Nur das sollte hier gezeigt werden.

Sie glauben an denselben Gott

So gut wie jeder weiß, dass auf unserer Welt in den vergangenen Jahrhunderten im Namen der Religion unendlich viele Menschen leiden mussten, getötet und ermordet wurden. Getötet wurden für einen allgütigen Gott, der aber nichts für diese Menschen tat, obwohl er auch allmächtig sein soll. Ein Beispiel ist der Dreißigjährige Krieg in Europa, der von 1618 bis 1648 dauerte und ein Glaubenskrieg zwischen der Katholischen Liga und der Protestantischen Union war, bei dem es allerdings auch um die politische Macht ging. Schätzungen gehen davon aus, dass in diesem Krieg mehr als 6.000.000 Menschen getötet wurden, auch durch mit dem Krieg einhergehende Seuchen und Hungersnöte. Viele sind geneigt, heutzutage dazu zu sagen: „Ich weiß, dass es so war, aber andererseits ist es schon lange her. In der heutigen Zeit wäre so etwas undenkbar." Ist das wirklich so?

Der Nordirland-Konflikt begann Ende der sechziger Jahre des vergangenen Jahrhunderts und dauerte von 1969 bis 1998. Es war ein Bürgerkrieg zwischen den englischen Protestanten der britischen Provinz Nordirland und den Katholiken, die ebenfalls in Nordirland lebten und in der Minderheit waren. Dabei wurden über 3500 Menschen getötet. Erst im Jahre 1998 wurde ein Friedensabkommen geschlossen, und im Jahre 2005 wurde die Gewalt als Mittel der politischen Auseinandersetzung endgültig beendet. Sicherlich ging es in diesem Konflikt auch um soziale, wirtschaftliche und politische Gründe, aber die treibende Kraft war wie so oft die Religion. Was waren das für Menschen, die für ihre Sache getötet haben?

Sowohl die Protestanten als auch die Katholiken beteten zum selben christlichen Gott. Für beide war der Sohn von Gottvater, der Jesus ja sein sollte, ebenfalls ein Gott. Und auch den personifizierten Heiligen Geist, was immer das auch sei, haben beide angebetet. Und nicht zuletzt haben beide die Trinität Gottes, eine Erfindung der Katholischen Kirche, anerkannt. Und da ihr Gott immer alles sehen soll, haben sie getötet, obwohl ihnen klar war, dass der bei allem zuschaut. Diese Menschen haben gemordet, obwohl ihr Gott uns Menschen lieben soll. Beide Gruppierungen glaubten an diesen Gott und brachten sich trotzdem gegenseitig um. Wie kann man das nachvollziehen, diese absurde völlige Inkonsequenz bei der Betrachtung des Gegenübers? Man sieht ihn nicht als gläubigen Christen an, sondern als Verbrecher. Ist das Religion? Kann ein gläubiger Mensch überhaupt so handeln? Ja, er kann.

Gilt dies auch für nichtchristliche Religionen? Der Islam z.B. ist eine monotheistische Religion, die auf den Religionsstifter Mohammed zurückgeht. Generell werden die Anhänger des Islams Muslime genannt, die von ihnen verehrte Gottheit heißt Allah. Die islamische Religionsgemeinschaft teilt sich dabei in mehrere Richtungen auf, wobei die Anhänger der beiden größten Glaubensrichtungen als Schiiten und Sunniten bezeichnet werden. Hierbei stellen die Sunniten die größte Gruppe dar. Ungefähr 90 Prozent der Muslime auf der Welt sind Sunniten, auch wenn in einigen Staaten wie etwa im Iran die Schiiten die Mehrheit haben. Schiiten und Sunniten streiten sich nun darum, wer der legitime Nachfolger Mohammeds sei. Das hat dazu geführt, dass sie sich immer wieder feindlich gesinnt gegenüberstehen. So gehen Schiiten in eine Moschee der Sunniten, um sich dort in die Luft zu sprengen und dabei möglichst viele Sunniten mit in den Tod zu nehmen. Ebenso kann es sein, dass Sunniten in eine Moschee der Schiiten gehen, wo diese gerade zu Allah beten, um sich dort in die Luft zu sprengen und dabei nach Möglichkeit viele Schiiten mit in den Tod zu nehmen. Die Anhänger beider Islamrichtungen beten in den Moscheen zu ihrem Gott Allah und lesen im Koran, dem Heiligen Buch des Islam, seine Worte, wie sie meinen. Wegen ihres Streits um die Nachfolge Mohammeds werden sie also zu Mördern. Und das ist auch ihr Ziel. Sie glauben tatsächlich, dass sie ihre Religion für derartige Taten belohnen wird. Normalerweise würde man solch ein geistloses Gemetzel in der heutigen Zeit einfach als Fake News abtun, aber die Muslime bestreiten diese Meldungen überhaupt nicht. Begreifen kann man das nicht, aber man kann daran sehen, zu was die Religion die Menschen bringen kann.

Ein Engel kam zu Maria

Im Evangelium nach Lukas lesen wir, dass Gott den Engel Gabriel zu Maria schickte, um ihr mitzuteilen, dass er sie ausgewählt hätte, seinen Sohn, genannt Jesus, vom Heiligen Geist zu empfangen (Lk 1,26–38). Gesehen oder wenigstens gehört hat diesen Engel niemand, und auch Maria selbst hat nichts davon erzählt. Woher wusste das Lukas trotzdem, obwohl er doch weder Augen- noch Zeitzeuge der in seinem Evangelium beschriebenen Ereignisse war? Nun, er hat es erfahren von Menschen, die sagten, dass sie es genau wissen würden.

Ein paar Tage darauf besuchte Maria Elisabet, die mit einem Sohn schwanger war, der später Johannes der Täufer genannt werden sollte. Das Gespräch der beiden Frauen ist typisch für ein Gespräch unter Gläubigen (Lk 1,41–55). Es ist erfüllt von religiösen Allgemeinplätzen, nur zur Sache selbst erfährt der Leser nichts. Auch hier erwähnt Maria letztlich nichts von dem, was ihr widerfahren ist. Dafür, dass Maria vom Heiligen Geist befruchtet worden ist, wie auch immer das funktioniert haben soll, gibt es keinen einzigen Zeugen. Weder für die Ankündigung noch für eine spätere Schwangerschaft. Und dass sie bei der Empfängnis noch Jungfrau gewesen sein soll, das kann man nur glauben, wissen tut es keiner. Außer Maria.

Die Mutter eines Gottes

Theologen, die über ihr Tun nachdenken, müssen nicht selten mit einer Glaubenskrise leben. Es gibt ja katholische und protestantische Theologen, die sich natürlich ihrer eigenen Kirche verpflichtet fühlen. Und die Protestantische und Katholische Kirche sind eine von Teilen der Bevölkerung durchaus geachtete Religionsgemeinschaft. Nun ist zwar Maria, die Mutter Jesu, in beiden Glaubensrichtungen fest verankert, aber es gibt dabei doch Unterschiede. Im Laufe ihres Todes ist sie, wie es bei den Katholiken heißt, immer wieder einmal irgendwelchen Menschen, zumeist waren es Kinder, erschienen und hat ihnen dabei etwas mitgeteilt. Wir wissen das von diesen Kindern, denn nur diese hätten Maria gesehen und gehört, hieß es. Allerdings ist Maria bisher nur katholischen Kindern erschienen, Lourdes und Fatima sind bekannte Beispiele dafür. Die Begründung für diese offensichtliche Benachteiligung der protestantischen Glaubensbrüder liefert das katholische Dogma 98, das da lautet:

Maria ist wahrhaft Gottesmutter

Während also die Katholische Kirche der Maria sogar ein Dogma widmet, gibt es in der Evangelischen Kirche keine vergleichbare Marienverehrung. Deswegen erscheint sie auch nur katholischen Kindern, denn die Protestanten glauben nicht an die Marienerscheinungen. Maria muss also je nach der Glaubensrichtung der Kinder unterscheiden, wem sie erscheint und wem nicht. Für die Protestanten erzählen Menschen, die eine

Marienerscheinung gehabt haben wollen, de facto nichts als Unsinn. Was sonst sollten sie erzählen?

Für die Theologen auf beiden Seiten ist dadurch ein großes Problem entstanden. Denn die katholischen Theologen können nicht verstehen, dass ihre protestantischen Kollegen an diese Erscheinungen nicht glauben, und die protestantischen Theologen können ihrerseits nicht verstehen, dass ihre katholischen Kollegen von diesen überzeugt sind. Sie müssen es, denn es handelt sich bei diesen Marienerscheinungen um offizielle katholische Kirchenlehre. Und die Atheisten können gar nicht akzeptieren, dass es von einer Sache zwei Wahrheiten geben soll, eine katholische und eine protestantische, obwohl sie naturgemäß zur letzteren tendieren. Trotzdem kann man nachvollziehen, dass ein katholischer Theologe auch Schwierigkeiten mit der katholischen Wahrheit haben wird. Denn er fragt sich auch, warum denn Maria irgendwo irgendwelchen Kindern erschienen ist, sich aber während der Nazizeit beispielsweise nicht im KZ Majdanek gezeigt hat, um den Insassen Mut zu machen. Und sicher haben die sich immer wieder gefragt, warum der Allmächtige und Allgütige ihnen nicht hilft, warum er, wenn es ihn gibt, diesen grausamen Massenmord überhaupt zulässt. Sie ist auch nicht nach einem Tsunami irgendwo in Asien erschienen, um den Überlebenden Trost zuzusprechen. Gewusst haben muss sie von diesem schaurigen Naturereignis, denn der Herrgott, der es natürlich wusste, wird es ihr gesagt haben. Nein, Maria ist nur diesen Kindern erschienen, wobei dies aber keine Tatsache war, sondern eine Tatsachenbehauptung. Davon gibt es in den christlichen Kirchen sehr viele, weil es an Tatsachen und damit Belegen mehr als mangelt. Es gibt nämlich keine. Man sollte einmal fragen, wie ein Theologe, der ja studiert hat, als Homo sapiens mit dieser Tatsache lebt. Ein Naturwissenschaftler würde allein mit Glauben in seinem Fach nicht sehr weit kommen. Und wollen nicht Theologen auch Akademiker sein?

Beschneidung

Das Urteil des Kölner Landgerichts zur Beschneidung von Knaben aus dem Jahre 2012 hat etwas in Gang gesetzt, was bei der Betrachtung der Beschneidung aus religiösen Gründen völlig neu war: Die Logik. Es soll hier gar nicht darum gehen, ob eine Beschneidung ohne medizinische Indikation als Körperverletzung zu werten ist oder ob nicht, denn dazu ist schon–auch aus rechtlicher Sicht–viel gesagt worden, sondern es soll mit Mitteln einfacher logischer Argumente auf der Basis der Religion selbst gezeigt werden, dass eine Beschneidung sich gegen den menschlichen Geist richtet.

Mit welcher Begründung lassen Eltern jüdischen Glaubens ihren männlichen Nachwuchs schon bald nach der Geburt beschneiden? Das Heilige Buch der Juden, die Thora, die aus den ersten fünf Büchern des Alten Testaments besteht, schreibt das unmissverständlich vor. Das sei ein Zeichen des Bundes mit Gott, sagte Gott selbst im Buch Deuteronomium des Alten Testaments (Dtn 17,10). Da hatte sich Gott aber ein sehr ausgefallenes Zeichen einfallen lassen. Auch Abraham hatte sich auf Gottes Wunsch hin noch im hohen Alter beschneiden lassen (Dtn 17,24). Somit ist Gott Zeuge dafür, das Abraham wirklich gelebt hat. Sogar die Sklaven mussten beschnitten sein, verlangte Gott. Dass Menschen sich andere Menschen als Sklaven nahmen, daran hatte der Barmherzige nichts auszusetzen, wenn sie nur beschnitten waren, das war ihm wichtig. Jeder, der auch nur ein bisschen nachdenkt, kann einen solchen Gott und seine Worte, die er laut Thora gesagt haben soll, nicht ernst nehmen. Im Gegenteil sind diese Worte bereits der erste

Beleg dafür, dass die Thora, die natürlich ebenfalls Gottes Wort sein soll, in Wirklichkeit aus der Sicht von Menschen der damaligen Zeit geschrieben worden ist. Menschen, die ihrem Gott die Worte, die ihnen notwendig und zudem richtig erschienen, quasi untergeschoben haben.

Durch die Beschneidung von neugeborenen Knaben, sagen die Juden, werde der Bund mit Gott erneuert. So steht es in der Thora, und das glauben die religiösen Juden. Das bedeutet aber gleichzeitig, dass die neugeborenen Mädchen keinen Bund mit Gott schließen. Damit kein Missverständnis aufkommt, keinesfalls soll hier eine Beschneidung der Mädchen propagiert werden, denn das wäre Genitalverstümmelung und damit ein Verbrechen. Aber aus welchem Grund werden die weiblichen Nachkommen von Gott offensichtlich benachteiligt? Dies entsprach der Stellung der Frau in der jüdischen Gesellschaft, die streng patriarchalisch ausgerichtet war. Die Frau wurde als Eigentum des Mannes angesehen, als weibliche Person war sie nichts wert. Also konnte sie auch keinen Bund mit Gott eingehen. Auch das sollten die jüdischen Gläubigen beim Thema Beschneidung bedenken. Denn wir schreiben inzwischen das 21. Jahrhundert, und es ist an der Zeit, über sein Tun nachzudenken.

Natürlich müssen hier weltweit auch die vielen Nichtchristen erwähnt werden, die zum großen Teil nichts vom Christentum und damit vom christlichen Gott wussten. Auch sie konnten keinen Bund mit ihm eingehen.

Da oben und da unten

Früher war das keine Frage, der Himmel war „oben", also über uns. Da die Erde mehr oder weniger kugelförmig ist, bildete der Himmel quasi eine Hülle um die Erde. Denn nur so lag er überall von der Erde aus gesehen „oben". Diese Vorstellung hat sich aber im letzten Jahrhundert grundlegend geändert. Denn als erster Mensch im Weltall hat der russische Kosmonaut Juri Gagarin bei seinen Umkreisungen der Erde nach eigener Auskunft da oben nie einen Gott gesehen. Wo früher der Himmel war, ist also heutzutage das Weltall. Aber wo ist dann der Himmel geblieben? Da die Kirche im Gegensatz zu früher die Ergebnisse der Wissenschaft nicht mehr einfach negieren konnte, musste sie den Himmel nun neu definieren. Mit „oben" hat er nichts mehr zu tun. Denn der Himmel ist inzwischen kein Ort mehr, sondern wie bereits gesagt ein Zustand, und zwar vollkommener Glückseligkeit. Was macht denn dort jemanden so glückselig? Es ist die unmittelbare Anschauung Gottes, sagt die Kirche. Denn wer Gott anschauen kann, der ist im Himmel, was bedeutet, dass Gott ihn liebt. Würde der ihn nicht lieben, wäre er nicht im Himmel. So einfach ist das. Dies ist sozusagen die göttliche Logik. Und diese Gottesliebe soll das Ziel jeglichen Tuns hier auf Erden sein. Sie nach dem irdischen Leben im Himmel zu erhalten, macht offenbar restlos glücklich. Wer das verstanden hat, der könnte eigentlich auch Theologie studieren, wobei vorausgesetzt wird, dass Theologie als Fach ein Studium darstellt. Aber das soll hier nicht diskutiert werden. Dieses erstrebenswerte Gefühl scheint jedenfalls eine gute Basis für die theologische Ausbildung zu sein. Die Sache ist auch irgendwie einleuchtend. Fast jeder Mensch sehnt sich doch nach Liebe von einem anderen Menschen, dessen Partnerin oder Partner er sein möchte. Und da für einen katholischen Theologen wegen des Zölibats offiziell noch keine menschliche Partnerschaft infrage kommt – was sich in der Zukunft durchaus ändern kann –, wartet er halt auf die Liebe Gottes. Bei den evangelischen Theologen besteht dabei das Problem, dass sie hier auf der Erde in einer Ehe leben dürfen. Die Liebe, die sie erhalten, teilt sich also auf. Im Leben sind sie (hoffentlich) in ihrer Ehe glücklich, nach dem Ende des irdischen Lebens werden sie von Gott geliebt. Ob sie nach wie vor von der Ehepartnerin oder dem Ehepartner geliebt werden, ist dann nicht mehr so wichtig, denn was ist schon das irdische Gefühl gegen die Liebe Gottes? Das Fazit lautet somit: Man sollte schon gläubig sein, allein schon der Liebe wegen.

Der absolute Gegensatz zum Himmel ist die Hölle. Während der Himmel früher immer „da oben" war, war die Hölle immer „da unten". Diese Annahme war sinnvoll, denn in der Hölle sollte es ja unerträglich heiß sein, und im Erdinnern ist es auch heiß. Das flüssige Eisen ist ein Beweis dafür, obwohl die Schmelztemperatur des Eisens schon bei Normaldruck bei 1536 $^\circ$C liegt und für die Hölle solch eine hohe Temperatur nie diskutiert wurde. In dieser wirklich heißen Hölle sollten die Seelen der Sünder Höllenqualen leiden, was bei der Temperatur kein Wunder wäre. Außerdem kann die Hölle ja gar nicht ein Ort „da unten" sein, weil da unten schon der Erdkern aus hauptsächlich Eisen ist. Das weiß man jetzt, woran man wieder einmal sehen kann, wie die Wissenschaft die schönen Geschichten der Religion bedenkenlos zerstört. Früher hatten die Menschen in Bezug auf die Lage der Hölle keinerlei Probleme mit dem Erdkern, denn sie wussten gar nicht von ihm. Aber die Kirche hat für Ersatz gesorgt. Die Hölle ist jetzt ebenfalls ein Zustand, irgendwie und irgendwo, das passt auch besser zum Himmel. Das höllische an ihr ist nach neueren Erkenntnissen der Kirche die Gottesferne, denn wenn Gott im Himmel ist, kann er nicht gleichzeitig in der Hölle sein. Warum eigentlich nicht, ein Gott kann doch alles? Nun, er will wohl nicht, denn wer in die Hölle kommt, der hat sowieso bei ihm verspielt. Nebenbei bemerkt wäre es aber an der Zeit, das Apostolische Glaubensbekenntnis der heutigen Lehre der Kirche anzupassen. Denn in diesem Glaubensbekenntnis heißt es an einer Stelle, dass Jesus Christus „hinabgestiegen in das Reich des Todes" ist. Da die Hölle nicht mehr „da unten" ist, müsste dieser Passus durch einen anderen ersetzt werden. Man könnte etwa schreiben, dass Jesus zwischenzeitlich in den Zustand Hölle gewechselt sei. Andernfalls würden einige Gläubige jetzt meinen, der Zustand Hölle wäre im Erdmittelpunkt, was nicht richtig wäre, weil der Zustand Hölle kein Ort ist. Für die Naturwissenschaftler unter den Lesern sei gesagt, dass der Zustand einer Materie, hier des Eisens, und der Zustand Hölle begrifflich nicht übereinstimmen.

Der Mensch der heutigen Zeit kann Herzen transplantieren, er fliegt oder besser gesagt flog zum Mond, Fernsehen und Internet bringen ihm die Welt in die Wohnstube. Und gleichzeitig glauben weltweit immer noch Milliarden von Menschen unverändert, dass Himmel und Hölle „da oben" und „da unten" seien. Dabei brauchten sie wegen „da oben" nur eine entsprechende Wissenschaftssendung im Fernsehen zu verfolgen, und wegen „da unten" brauchten sie nur einen Geologen zu fragen. Was wäre dann noch ihr Gegenargument? Zwar haben sie in den allermeisten Fällen von den fraglichen Wissenschaftsgebieten auch nicht die geringste Ahnung, aber sie glauben die Wahrheit einfach nicht. Dazu passt ein Spruch von Seneca, einem römischen Philosophen, der zu Beginn unserer Zeitrechnung lebte. Er lautet: „Religion gilt dem gemeinen Mann als wahr, dem Weisen als falsch und dem Herrscher als nützlich".

Opfer

Der Begriff Opfer hat in der deutschen Sprache verschiedene Bedeutungen. Bei der Verwendung dieses Wortes im religiösen Sinne wird von den Gläubigen im Rahmen eines festgelegten Ritus ihrem Gott ein Opfer dargebracht, um sich dadurch bei ihm für etwas zu bedanken oder um ihn zu besänftigen, ihn gnädig zu stimmen. Diese Opfer können unbelebte Gaben der Natur wie etwa Getreide oder Obst sein, aber auch Tiere oder in der Vergangenheit sogar Menschen, die getötet wurden.

Allen bekannt ist das Erntedankfest, bei dem die Gläubigen dem Gott der Christen als Dank für eine erfolgreiche Ernte verschiedene Gaben dieser Ernte darreichen wollen. Dies ist ein ritueller Brauch, bei dem heutzutage natürlich jedem von vornherein klar ist, dass die Gaben unverändert bleiben. Aber man geht davon aus, dass der liebe Gott seine schützende Hand über die Ernte gehalten hat. Dass zur gleichen Zeit vielleicht in einem anderen Erdteil bei einem Erdbeben Zehntausende Menschen umgekommen sind, zeigt die Unlogik solch eines Erntedankfestes. Denn warum sollte ein allmächtiger und allgütiger Gott hier für eine gute Ernte sorgen, und gleichzeitig gehen irgendwo auf der Welt Tausende von Menschen jämmerlich zu Grunde? Darüber sollten diejenigen, die hier ein Erntedankfest feiern, einmal nachdenken.

Ganz anders verhält es sich, wenn zum Zwecke des Opfers Tiere oder ehemals sogar Menschen getötet wurden. Warum sollte der jeweilige Gott besänftigt sein, wenn ein Tier oder sogar ein Mensch sein Leben lassen musste? Was spiegelt so etwas für eine seltsame Gefühlswelt wider? Und ein Tieropfer

macht doch nur Sinn, wenn die Menschen, die das Opfer dar-
bringen, das geopferte Fleisch eigentlich selbst gerne essen
würden, da sie Hunger haben, aber für den Gott verzichten. Ihr
Gott hat sowieso keinen Hunger, denn Götter essen ja wohl
nichts. Jedenfalls ist nichts Gegenteiliges bekannt. Ein Beweis
dafür ist die Tatsache, dass nach dem Ende der Opferungszere-
monie der Tierkadaver des Opfers regelmäßig langsam
schlecht wird, weil niemand das Fleisch essen will. Es sei denn,
die bei der Opferung versammelte Gemeinde vertilgt das ess-
fertige Tier nach dem Ende der Zeremonie heimlich selber. Die
christlichen Kirchen wollen aber heutzutage nicht mehr, dass
die Gläubigen dem Pfarrer Tierkadaver vor die Füße legen. Ihnen genügt der Klingelbeutel, in dem während des Gottes-
dienstes Opfergeld von der Gemeinde gesammelt wird. Darüber hinaus sind Spenden willkommen. Dafür sind Geld-
scheine gern gesehen, Kleingeld weniger.

Die Kreuzigung von Jesus, die im Neuen Testament beschrieben ist, wird von der Kirche als Sühneopfer gewertet. Als Op-
fertod zur Versöhnung von Gott mit den Menschen der Welt,
die so viel gesündigt hätten. Man begreift nur nicht, warum der
Tod seines Sohnes den Vater versöhnt und wieder friedlich ge-
stimmt haben soll. Außerdem stellt sich die Frage, warum
durch den Tod von Jesus zugleich die Sünden von anderen
Menschen, und es waren viele Menschen auf der Welt, durch
den Gott vergeben sein sollen. Eine Behauptung der Kirche, die
zwar sehr schön klingt, aber unlogisch ist. Denn für eine Sünde
bleibt man stets selbst verantwortlich. Abnehmen kann einem
eine Schuld niemand, auch wenn die Kirche das Gegenteil
meint. Anders wäre das Rechtssystem eines demokratischen
Staates undenkbar.

Aber eigentlich war Gottes Sohn Jesus gar nicht lange tot,
sondern nur als Mensch gestorben, was Gottvater vorher wusste, da er wie bekannt allwissend sein sollte und soll. Denn in
der Nacht nach seiner Kreuzigung, so die Kirche, war Jesus in

die Unterwelt hinabgestiegen, dann natürlich als Gott, um dort die Seelen der Gerechten seit Adam, den es ja wegen der Evolution nicht gab, zu befreien. Nach insgesamt drei Tagen seit seiner Kreuzigung ist er dann gen Himmel zu seinem Vater gewechselt. Das sagt jedenfalls das apostolische Glaubensbekenntnis, nachzulesen im Kurz-Katechismus der Katholischen Kirche. Der Verlust des Vaters durch den Tod seines Sohnes hielt sich also in Grenzen.

Heutzutage handelt es sich bei den Opfern um Missbrauchsopfer von zumeist katholischen Theologen. Ein trauriger Beweis, dass diese so genannten Theologen bestimmt nicht an einen allwissenden und zugleich allgütigen Gott glauben werden. Siehe hierzu auch das Kapitel „Missbrauch: Gott war dabei".

Christen und die Moral

Früher war jemand, der nicht an den Gott der christlichen Kirche glaubte, eindeutig und ohne Frage für die Christen ein Mensch mit negativen Eigenschaften. Schon Paulus, der Urchrist, hatte in seinem Brief an die Römer darauf hingewiesen. Nach seiner persönlichen Erfahrung waren Atheisten ausnahmslos ungerecht, überheblich, hochmütig, habgierig, neidisch, boshaft, streitsüchtig, ja sogar mörderisch. Man durfte sich demnach als Nichtatheist nicht auf die Straße trauen, denn es bestand ja immer die Gefahr, dass man auf einen Atheisten treffen könnte. Deswegen war Rom zu der Zeit eine leergefegte Stadt. Inzwischen ist aber zumindest theoretisch die Toleranz den Mitmenschen gegenüber ein wesentliches humanistisches Prinzip menschlichen Zusammenlebens, das sowohl für Atheisten als auch für Christen gelten sollte. Man kann somit sogar als Atheist durchaus unbehelligt beispielsweise zum Einkaufen gehen, obwohl man als Gottloser noch in der Unterzahl ist. Noch deswegen, weil in Deutschland die Zahl der Konfessionslosen stetig zunimmt. Trotzdem ist es ratsam, außer einzukaufen nichts von den schlimmen Dingen zu tun, derer ein Atheist fähig ist. Besonders sollte er das vermeiden, was bereits Paulus als typisch für ihn definiert hat. Dadurch können Kommentare wie „Ich hab´s ja gewusst" vermieden werden.

Ganz anders sieht die Sache bei den Christen aus. Diese haben nämlich die Moral für sich gepachtet. Bei allem, was sie tun oder auch nicht tun, denken sie immer zuerst daran, was wohl ihr Gott dazu sagen würde, wenigstens aber ihr Pastor vor Ort. Und da ihr Gott ohne Frage gut ist, kein Theologe würde das Gegenteil behaupten, ergibt sich, dass sich bei ihnen die Moral wie ein tiefroter Faden durch ihr christliches Leben zieht. Hier ein paar Beispiele aus der heutigen Zeit dafür.

Wer meint, dass sich damals, zu Jesu Zeiten, die entscheidenden Dinge des späteren Christentums im Vorderen Orient abgespielt haben, der ist zwar im Recht, aber danach ist Gott umgezogen, in die Vereinigten Staaten von Amerika. Das ist ein Land, in dem es sowohl weiße als auch farbige Christen gibt, abgesehen davon, dass es dort mehr Protestanten als Katholiken gibt. Ein Land, dass immer wieder zu Unrecht verunglimpft worden ist, weil irgendwelche böswilligen Leute – wahrscheinlich Atheisten – die Meinung verbreitet haben, viele weiße Christen würden die farbigen Christen als Christen zweiter Klasse ansehen und auch so behandeln. Das kann schon deshalb nicht zutreffen, weil die USA nach Auskunft der Amerikaner, und die werden es ja wohl wissen, als „Gods own country" bezeichnet werden muss. Wie gesagt, er wohnt jetzt da, natürlich hoch droben. Und der Gott der Christen wird sicher kein Rassist sein. Im Gegenteil, wenn wir immer wieder sehen, wie die Behandlung der farbigen Christen durch die weißen Christen von Nächstenliebe (ein christlicher Wert) und Toleranz (ein humanistischer Wert) geprägt ist, dann wird uns die Böswilligkeit dieser Unterstellung direkt vor Augen geführt. Hier geht es schließlich um die Grundwerte der USA. So hieß es zwar, die Arbeitslosigkeit unter der farbigen Bevölkerung sei 2003 mehr als doppelt so hoch gewesen wie bei der weißen Bevölkerung, aber ist es denn ein Privileg, zu arbeiten? Die streng gläubigen orthodoxen Juden arbeiten doch auch nicht, und keiner wird den übrigen Bürgern Israels, die für diese orthoxen Juden bezahlen, deswegen Rassismus vorwerfen, höchstens Dummheit. Auch das Einkommen der Farbigen in den USA ist entschieden geringer als das der Weißen, aber das zeigt gerade, wie die farbige Bevölkerung nach dem Neuen Testament lebt, denn im Matthäusevangelium (Mt 6,24) sagt Jesus zu seinen

Jüngern: *Ihr könnt nicht beiden dienen, Gott und dem Mammon.* So könnte man noch andere Beispiele dafür anführen, dass die Farbigen in den USA bewusst in ihrem christlichen Glauben leben. Sie haben einen Traum, wie Martin Luther King einmal sagte, und weiße amerikanische Christen helfen Ihnen dabei, dass es ein Traum bleibt.

Immer wieder liest man in der Zeitung, dass irgendwo in den USA amerikanische weiße Polizisten einen farbigen Verdächtigen auf der Flucht einfach erschossen haben. Und natürlich muss man davon ausgehen, dass in Amerika die allermeisten Polizisten auch Christen sind. Allerdings muss diese Annahme falsch sein. Denn Mord ist keine christliche Tugend, sondern das Gegenteil.

Auch im alten Europa werden gerade über die Christen Lügen erzählt, so zum Beispiel über die Spanier. Der spanische Bürger ist ja in der überwiegenden Anzahl römisch-katholisch, und er ist tierlieb, wie es sich für einen Christen gehört. Sind doch die Tiere Geschöpfe Gottes, sagt die Kirche. Trotzdem geht die Mehrheit dieser Christen mit Vergnügen in eine Stierkampfarena, um begeistert zuzuschauen, wie ein Stier zu Tode gequält wird. Atheisten sagen, das wäre kein Zeichen von Tierliebe, die jeder Christ verspüren müsse, sondern ein Zeichen von Dekadenz, von unchristlicher Freude an Tierquälerei. Gott würde sich mit Grausen von seinen spanischen Gläubigen abwenden, da sie offensichtlich de facto nicht gläubig seien. Weit gefehlt, denn was da zugegebenermaßen gequält wird, ist gar kein Stier und somit ein Tier, sondern der Teufel. Es muss doch schon mal jedem aufgefallen sein, wie gemein und hinterhältig so ein Stier aussieht. Außerdem kennt man doch die Darstellungen des Teufels, auf denen er Pferdefüße hat. Irrtum, die Pferdefüße sind vielmehr die Füße eines Stieres. Jeder spanische Stier ist demnach besessen vom Teufel, der, feige wie er ist, kurz vor dem Todesstoß das Tier verlässt und zum nächsten Stier übergeht. Wenn man sich einen Stier in Warteposition genau anschaut, dann sieht der gar nicht so gemein aus. Kein Wunder, denn der Teufel kommt noch. Warum sollte also die Katholische Kirche aus moralisch-christlichen Gründen gegen den Stierkampf angehen, wenn doch nur der Teufel bekämpft wird? Trotzdem ist in Katalonien inzwischen der Stierkampf verboten, was einem Abfall vom Glauben gleichkommt. Außerdem würde auf diese Weise langsam eine wichtige spanische Kultur abgeschafft, denn Stierkampf sei Kultur, sagen die Spanier. Das ist halt die spanische Definition von Kultur, Tierliebe gilt demnach in Spanien als kulturlos.

Sogar der Vatikan, das Zentrum des katholischen Glaubens und insofern die Inkarnation des Guten, ist gegen atheistische Unterstellungen nicht gefeit. Wird ihm doch vorgeworfen, nach dem Ende des 2. Weltkrieges etlichen Naziverbrechern, die den Tod von Millionen von Menschen zu verantworten hatten, die Flucht aus Europa nach Südamerika ermöglicht zu haben. Zugegeben, wenn das zutreffen würde, dann hätte der Teufel selbst dabei Regie geführt, und jedes Mitglied der Kirche müsste umgehend aus dem Verein Kirche austreten. Aber so kann es nicht gewesen sein, denn ein Gläubiger würde so etwas nie mitmachen? Deutschland war zur Zeit des dritten Reiches ein christliches Land, mehr als 95 Prozent der deutschen Bevölkerung waren Mitglied in der Protestantischen oder der Katholischen Kirche.

Also hat nach dem Ende des 2. Weltkrieges ein Christ (der Vatikan) einem anderen Christen (Naziverbrecher) geholfen. Es bleibt die Frage, wer eigentlich für den Holocaust verantwortlich war. Die Naziverbrecher waren es ja demnach nicht, denn hätte ihnen sonst der Vatikan geholfen?

Gott liebt alle Menschen?

Der Gott des Christentums, folgt man den Worten der Katholischen Kirche, soll allmächtig sein. Etwas anderes ist auch einem Gläubigen nicht zu vermitteln, denn einen Gott, der nicht allmächtig sein soll, den braucht er nicht. Für ihn muss ein Gott etwas können, was der Mensch eben nicht kann, und der Mensch ist nun mal nicht allmächtig. Solch ein Gott müsste aber seine Allmacht nicht unbedingt im positiven Sinne einsetzen, warum auch immer, und damit hätte dann die Kirche so ihre Schwierigkeiten. Aus diesem Grund soll ihr Gott – wie bereits des Öfteren erwähnt – auch noch von einer alles überstrahlenden Güte sein, und er soll alle Menschen lieben. Diese letzte Formulierung wird von theologischen Autoren gerne gewählt, nur ist mit dem Wort „alle" auch wirklich jeder gemeint. Dabei wird leider vergessen, dass beim abschließenden Weltgericht durch Jesus, so das Matthäusevangelium (Mt 25, 41–46), viele Sünder in das ewige Feuer der Hölle geschickt werden. Und man kann sicher nicht behaupten, dass Gott diese Menschen lieben würde. Deswegen das Fragezeichen in der Kapitelüberschrift.

De facto ist es um die einem Gott nachgesagte Allmacht schlecht bestellt. Denn ein außerdem noch allgütiger Gott müsste stets sofort einschreiten, wenn irgendetwas gegen seine ethischen Grundsätze verstößt. Allerdings ist ein in der Sache positives Eingreifen eines Gottes in unsere Welt bislang nie zu erkennen gewesen, was eigentlich auch die Gläubigen längst stutzig gemacht haben müsste. Denn diese Tatsache berührt doch massiv ihren Glauben. Aber sie scheinen das nicht so zu sehen, besser gesagt, sie wollen es nicht sehen, was jemand, der logisch denkt, nicht versteht. Wenn es auch durchaus verschiedene Motivationen für einen Menschen gibt, religiös gläubig zu sein, so muss er doch Fakten als das werten, was sie sind, nämlich Fakten. Es ist wirklich erstaunlich, dass ein Gläubiger sein ganzes Leben lang beim Thema Religion immer nur wegschauen kann, weil er wegschauen muss. Andernfalls müsste er nämlich aus der Kirche austreten, da der Gott der Kirche nämlich gerade nicht so ist, wie immer wieder von den Theologen gesagt wird.

Wenn ein Gott die ihm attestierten Eigenschaften wirklich hätte, sie aber nie einsetzt, was für jeden sichtbar der Fall ist, stellt sich natürlich die Frage, ob er sie wirklich hat und auch einsetzen will, oder ob es ihn überhaupt gibt. Wenn es einen Gott gäbe, der tatsächlich unsere Welt lenken würde, so kann man nicht gerade behaupten, dass er uns Mensch lieben würde. Anders lassen sich die Fakten auf der Welt nicht interpretieren, denn das Leid von Menschen ist teilweise unbeschreiblich groß. Wäre aber der Weltenlenker der Teufel, wie ihn die Kirche definiert, dann wäre sofort einzusehen, dass er nicht allgütig ist, und dass er uns sicherlich nicht liebt.

Im Dezember des Jahres 2016 stürzte in der nigerianischen Stadt Uyo das Dach einer christlichen Kirche ein, in der Hunderte Gläubige an einer Bischofsweihe teilnahmen. Mehr als 200 Menschen starben dabei. Eine Kirche ist ein Gotteshaus, also das Haus eines Gottes. Wie kann es ein allmächtiger Gott, der die Menschen lieben soll, zulassen, dass viele Gläubige ihr Leben lassen mussten, nur weil sie sein Haus besuchten? Dies berührt die christliche Überzeugung existenziell, obwohl die Medien schnell wieder zur Tagesordnung übergegangen sind. Man fragt sich deshalb, ob Vertreter der Kirche ihren Einfluss, den sie unzweifelhaft besitzen, dazu genutzt haben, die Medien zu bewegen, das zu tun. Für einen logisch denkenden Menschen ist dieser Einsturz eines Gotteshauses schlicht ein Beweis dafür, dass die Allmacht des Christengottes zum wiederholten Male nichts anderes als eine Tatsachenbehauptung ist, die durch keinerlei Tatsachen gestützt wird. Auch Gläubige können das nicht anders sehen, sofern ihre Augen sehen wollen.

Die Kirche würde dazu sagen, dass ihr Gott den Menschen ihren freien Willen gelassen habe, und deswegen, sozusagen aus bautechnischen Gründen, dieses Gotteshaus dann eingestürzt wäre. Etwa hätte der Architekt schlecht gearbeitet. Dabei vergisst sie aber, dass durch die göttliche Eigenschaft der Allwissenheit, die ja auch für das Zukünftige gelten soll (Dogma 22 der Katholischen Kirche), ihr Gott natürlich längst vorher gewusst hat, was passieren würde. Und seine herausragende Güte würde ihn dann quasi dazu gezwungen haben, durch seine Allmacht doch noch alles zum Guten zu wenden.

Ist Verhütung Sünde?

Adolf Hitler kam in Deutschland 1933 an die Macht und ließ 6 Millionen Menschen jüdischen Glaubens aus rassistischen Gründen in den Konzentrationslagern ermorden. Im zweiten Weltkrieg, den Hitler gegen große Teile der Welt führte, starben nach Schätzungen mindestens 50 Millionen Menschen, andere Schätzungen gehen unter Einbeziehung von Kriegsfolgen von weit über 70 Millionen Toten aus. Hitler selbst war bis zu seinem Ende katholisch, also waren es seine Eltern höchstwahrscheinlich ebenfalls.

Während die Evangelische Kirche mit der Verhütung keine Probleme mehr hat, lehnt die Katholische Kirche eine Verhütung ab. Man stelle sich einmal vor, was gewesen oder besser gesagt nicht gewesen wäre, wenn Hitlers Eltern bei der ehelichen Liebe verhütet hätten. Wenn auch im 19. Jahrhundert die Effektivität der damaligen Verhütungsmethoden nicht zu vergleichen ist mit derjenigen der heutigen Verhütungsmethoden, so hätten sie doch dafür sorgen können, dass ihr Sohn Adolf gar nicht erst geboren wäre. Millionen von Menschen, die später durch ihn jämmerlich zugrunde gegangen sind, hätten stattdessen gelebt!

Dieser Extremfall zeigt, dass zu verhüten oder nicht zu verhüten ungeahnte und dabei schwerwiegende Folgen haben kann. Dem stellt sich die Katholische Kirche nicht, sie sagt nur lapidar: *Verhüten ist Sünde.* Durch diese Einstellung zur Verhütung trägt sie eine Mitschuld daran, dass der spätere Massenmörder Adolf Hitler in die Welt gesetzt wurde. War es von den Eltern Adolf Hitlers nicht eine riesige Sünde, nicht verhütet zu

haben? Diese provokante Frage stellt sich in Anbetracht der
ungeahnten Folgen.

Glaubensfragen

Macht und Einfluss der Kirchen in unserem Staatssystem beruhen auf der Anzahl ihrer Mitglieder, die freilich nicht mit der Anzahl der wirklich Gläubigen gleichgesetzt werden darf. Denn diese ist entschieden geringer als die Gesamtzahl der offiziellen Mitglieder. Viele bleiben Mitglied ihrer Kirche, da sie hoffen, dass der Gott der Christen, falls es ihn wider Erwarten doch geben sollte, am Ende ihres Lebens wenigstens die von ihnen brav gezahlten Kirchensteuern honorieren würde und sie auf einem Friedhof ein Plätzchen bekommen würden. Das man dafür nicht Mitglied einer christlichen Kirche sein muss, wissen viele nicht. Allerdings setzen sie dabei voraus, dass sich ihr Gott auf so einen Kuhhandel einlassen würde. Jeder ehrliche Atheist würde ihm lieber sein als solch ein berechnendes Mitglied seiner Kirche.

Es gibt zwei verschiedene Arten von Gläubigen. Zum einen diejenigen, die das Denken ihrer Kirche überlassen, und zum anderen die der Kirche gegenüber durchaus kritisch eingestellten Gläubigen. Sie sind sich wohl dessen bewusst, dass die Kirche, besser ihre Leitung, aus Menschen besteht, denen sie und der von ihnen verbreiteten Lehre durchaus Fehler zugestehen, menschliche Fehler. Alles, was sich positiv darstellt, lässt sich für sie auf den Einfluss Gottes zurückführen. Negatives lasten sie, wenn es keinen anderen Ausweg gibt, den Kirchenvertretern an. In diesem Sinne sind für sie fragliche Punkte der kirchlichen Lehre interpretierbar, was ja auch zum Überleben der Kirche selbst gehört, oder sogar in gewissen Grenzen verhandelbar.

Aus diesem Grund ist es oft sinnlos, gläubige Christen z.B. mit offensichtlichen Widersprüchen in den Evangelien zu konfrontieren, wobei noch hinzukommt, dass in der Beziehung bei ihnen eine quasi grenzenlos zu nennende Unwissenheit herrscht, Unwissenheit über ihren Glauben. Losgelöst davon ist für sie die Existenz Gottes ein Faktum, weswegen ihnen die folgende Frage gestellt werden kann, sie lautet: „Haben Sie eine Person ihres Gottes schon einmal gesehen?" Die Frage wurde richtig gestellt, denn es heißt, es gebe nur einen Gott, der sich aber auf drei Personen aufteile. Sollte man also Gott sehen, so kann es sich um die Person Gottvater, die Person Gottsohn, also Jesus, oder die Person Gott Heiliger Geist handeln. Die Frage ist aber nicht relevant, da kein Mensch auf unserer Erde jemals einen der drei zu Gesicht bekommen hat. Die Antwort lautet somit: „Nein". Anders ausgedrückt bedeutet dies gleichzeitig, dass sich der Gott der Christen, sofern es ihn gibt, einfach nicht zeigen will, und die Frage muss erlaubt sein, warum denn nicht. Eine Antwort auf diese Frage gibt Jesus. Nach dem Johannesevangelium 20/29 (Einheitsübersetzung) sagte er zu Thomas: *Weil du mich gesehen hast, glaubst du. Selig sind, die nicht sehen und doch glauben.* Also, wo ist das Problem?

Auch in längst vergangenen Zeiten glaubten die Menschen an Götter, die sie niemals gesehen haben, etwa die alten Griechen an den Göttervater Zeus, die Ägypter an den Gott Horus, die Perser an Ahura Mazda oder die Römer an Mithras, nur mit dem Unterschied, dass es diese Götter nicht gab, sagen die christlichen Kirchen. Also konnten die sich auch gar nicht zeigen. Im Neuen Testament heißt es im Brief von Paulus an die Hebräer in 11,6:

Ohne Glauben aber ist es unmöglich, (Gott) zu gefallen; denn wer zu Gott kommen will, muss glauben, dass er ist und dass er denen, die ihn suchen, ihren Lohn geben wird.

Man muss also an die Existenz des Gottes glauben. Ihn darüber hinaus noch wenigstens einmal sehen zu wollen, ist dann offenbar nicht mehr notwendig. Im Gegenteil scheint dieses Anliegen sogar unredlich zu sein, und man fragt sich, warum das so sein soll. Wenn jemand im täglichen Leben etwas glaubt, von dem er gar nichts weiß, macht er sich unter Umständen lächerlich, aber nicht so bei seiner Religion. Daran zeigt sich eindeutig die Unlogik des religiösen Glaubens. Folgt man der Meinung von Gläubigen, so könne ihr Gott sehr wohl erscheinen und der Welt beweisen, dass er existiert. Wenn er aber erscheinen würde, dann wäre kein Glauben mehr notwendig, man würde ihn ja sehen. Deswegen erscheint er nicht. So einfach ist das!

Zu dieser Ausrede der Gläubigen ist allerdings noch zu sagen, dass nach übereinstimmender Ansicht aller christlichen Kirchenvertreter Gott wie bereits erwähnt ein Wesen ist, was per definitionem unsichtbar bleiben muss, weil so ein Wesen keinen Körper hat. Wenn Gott sich also zeigen wollte, dann müsste er folglich zu diesem Zweck Gestalt annehmen. Wenn er uns Menschen erscheinen wollte, wäre es ganz passend, er würde dann ebenfalls als Mensch auftreten, vielleicht ein wenig größer als üblich, das würde die wirklichen Menschen mehr beeindrucken. Einige Gläubige, die die Frage nach der Sichtbarkeit Gottes schon kennen, stellen mitunter die Gegenfrage, ob man denn die Liebe schon einmal gesehen habe. Nun, die Liebe, die wir ja fast alle schon erlebt haben, ist ein Gefühl, und Gefühle kann man nicht sehen. Gott aber soll eine Person sein, die könnte sich ruhig einmal zeigen, wenigstens eine von den erwähnten eigentlich drei Personen.

Die zweite Frage lautet: „Haben Sie ihren Gott schon einmal sprechen gehört?" In der Bibel steht geschrieben, dass Gott früher zu den Menschen gesprochen haben soll. So teilte er Adam seine Vorschriften für das Leben im Paradies mit, oder er sprach zu Noah über dessen Arche, mit der dieser der angekündigten Sintflut entkommen würde. Schade nur, dass mittlerweile sogar der Papst zugeben muss, dass es weder Adam noch Noah gegeben hat. Zu wem mag Gott dann gesprochen haben? Da die schriftlichen Zeugnisse der Vergangenheit demnach wohl nicht allzu verlässlich sind, müssen wir uns auf die heutige Zeit beschränken.

Die Möglichkeit, Gott selbst sprechen zu hören, ist heutzutage das Gebet eines Gläubigen, obwohl Gott hierbei eigentlich gar nichts sagt. Denn dabei gibt es ein ernstes Problem. Jeder Mensch auf der Welt kann zu Gott beten, er muss nur Christ sein. Nun gibt es über 2 Milliarden Christen. Wenn nur 0,001 % gleichzeitig beten, und diese Zahl ist nicht unrealistisch, sind das etwa 20000 Gläubige. Wie kann Gott dabei etwas verstehen? Und wenn er doch irgendetwas verstehen könnte, so müsste er Tausende von Sprachen beherrschen. Denn nur so könnte er mit dem, was er hört, auch etwas anfangen. Ist Gott ein Sprachgenie? Nein, sagen die Gläubigen, er sei halt göttlich, und ein Gott verstehe eben alle Sprachen, auch ohne Dolmetscher. Es ist bewundernswert, wie einfach doch Religion mitunter sein kann. Ein Pfarrer sagte einmal, Gottes Stimme sei keine Stimme, die Worte und Schallwellen brauche, sie sei eher eine innere Stimme. Man spricht ja bei der inneren Stimme öfter von einem Wink des Schicksals, von einer Eingebung, oder dass einem plötzlich ein Licht aufgegangen sei. Für einen wirklich gläubigen Menschen ist das nichts anderes als die Stimme Gottes. Nur die wirkliche akustische Stimme Gottes, die hat noch niemand gehört, was auch jeder Gläubige (hoffentlich) zugeben wird, auch wenn er es viel besser finden würde, wenn sein Gott mal etwas sagen würde. Und dieses permanente Schweigen ist eigentlich seltsam, denn es gab doch in der Menschheitsgeschichte so viel Dinge, die von ihm hätten richtig gestellt werden müssen. Dazu hätte doch ein Machtwort seinerseits genügt. Wie viel Leid wäre so den Menschen erspart geblieben. Oder hat er gar keine akustische Stimme, was wiederrum logisch wäre? Denn unsereins hat Stimmbänder und eine Zunge zum Sprechen, ein Wesen wie Gott aber nicht, denn Wesen haben wie gesagt keinen Körper. Also kann er nicht sprechen, und niemand kann ihn demzufolge sprechen gehört haben.

Die dritte und letzte Frage lautet: „Hat Ihr Gott schon einmal nachweislich irgendetwas für Sie getan?" Zunächst werden sicherlich viele Gläubige diese Frage bejahen. Sie werden begeistert oder auch ehrfürchtig davon berichten, wie ihnen in ganz bestimmten Situationen nur Gott geholfen haben kann. Das liegt dann daran, dass ihnen die Bedeutung des Wortes „nachweislich" in diesem Zusammenhang nicht geläufig ist. Die Antwort auf die letzte Frage muss also ebenfalls „Nein" lauten. Zeugen für die Existenz des christlichen Gottes gibt es somit nicht, Zeugnisse genauso wenig. Aber muss es eigentlich welche geben? Genügt es nicht völlig, wenn man glaubt, dass er existiert? Und wohl kein Gläubiger würde daran glauben, dass er nicht existiert. Denn in dem Fall wäre er ja kein Gläubiger.

Missbrauch: Gott wusste es

Pädophilie ist eine psychische Störung von erwachsenen Menschen. Sie beschreibt das sexuelle Interesse an Kindern, bevor diese die Pubertät erreicht haben. Die Neigungen Erwachsener zu pubertierenden Jungen werden als Ephebophilie bezeichnet. Diese fehlgeleiteten sexuellen Neigungen sind, wenn sie ausgelebt werden, in unserer Gesellschaft ein kriminelles Vergehen und damit unter Strafe gestellt. In den vergangenen Jahren waren es immer wieder Priester, Diakone und Ordensleute, denen auch in Deutschland sexueller Missbrauch an Kindern und Jugendlichen in kirchlichen Institutionen nachgewiesen wurde, wobei einem die absolute Zahl der Fälle schon zu denken gibt. Nach einer Studie der Katholischen Kirche kam es zwischen den Jahren 1946 und 2014 zu mindestens 3677 Missbrauchsfällen innerhalb der Kirche, bei denen die Opfer Kinder und Jugendliche waren. Die Dunkelziffer dürfte weitaus höher liegen. Kardinal Reinhard Marx, seit dem Jahre 2014 Vorsitzender der römisch-katholischen Deutschen Bischofskonferenz, gab sogar öffentlich zu, dass die katholische Kirche allzu lange weggeschaut, vertuscht und geleugnet habe, wie er sich ausdrückte. Dieses zuzugeben ist schon äußerst seltsam. Denn es ist doch einfach nicht zu begreifen, dass ein Mann der Kirche bei so etwas wegschauen und damit ein Verbrechen, denn das ist es, vertuschen kann. Das sollte für einen christlichen Theologen eine Unmöglichkeit sein. Außerdem macht er sich dadurch mitschuldig. Die Evangelische Kirche war davon bislang sehr viel weniger betroffen, aber auch hier gab es Missbrauchsfälle.

Liegt es am Zölibat, also an der von den katholischen Priestern verlangten völligen und zugleich dauerhaften sexuellen Enthaltsamkeit, die einen Priester pädophil werden lässt? Dies soll hier zwar nicht diskutiert werden, es scheint aber bei der Meinung eines Psychiaters zu diesem Problem des Zölibats auch davon abzuhängen, wer eine Studie darüber in Auftrag gegeben hat. Denn trotz der Fakten lassen sich die Fälle so oder so darstellen. Und es ist sicherlich jedem Leser klar, wie dabei die grundlegende Meinung der Katholischen Kirche zu diesem Thema sein wird. Das Zölibat wird für sie natürlich nicht der auslösende Faktor sein. Nein, hier soll nicht auf die wahrlich fürchterlichen Konsequenzen von Missbrauchsfällen für die Opfer solch kriminellen Tuns hingewiesen werden, sondern auf deren Bedeutung für den Gottesglauben der Täter. Jedem muss klar sein, dass bei diesen kriminellen Tätern ihr Glauben an einen guten Gott nun wirklich keine Rolle gespielt haben kann, da solch ein Glaube schlechtweg nicht vorhanden gewesen sein kann. Sie waren nie wirkliche Theologen, denn sie können nie an einen allmächtigen, allgütigen und allgerechten Gott geglaubt haben. Und das ist ja eine wichtige Voraussetzung für das Theologiestudium, andernfalls braucht man keine Theologen. Der Gott der Christen hätte natürlich eigentlich seine Allmacht einsetzen müssen, um derlei Verbrechen zu verhindern. Denn die ihm nachgesagte Allgüte würde ihn quasi dazu gezwungen haben. Und schließlich hätte diese Abhängigkeit der Missbrauchsopfer von ihren Tätern seinen Sinn für Gerechtigkeit massiv getroffen. In Anbetracht dessen stellt sich die Frage: Warum hat denn der Gott der Christen, andere Götter gibt es ja laut Kirche nicht, trotzdem diese Missbrauchsfälle immer wieder zugelassen? Ist denn wegen des vom Gott den Tätern zugestandenen so genannten freien Willens sämtliche göttliche Ethik nichts als Makulatur? Dann müssten doch zumindest die hier erwähnten ethischen Begriffe in Zukunft gar nicht mehr als göttliche Maxime genannt werden, weil es sie de facto gar nicht gibt.

Auch ein anderer Aspekt soll hier noch aufgezeigt werden. In der Katholischen Kirche gibt es 7 sogenannte Sakramente. Das Wort Sakrament stammt aus dem Lateinischen und bedeutet übersetzt Heiliges Zeichen oder Heilszeichen, in dem sichtbar werden soll, dass der Gott der Christen sich den Gläubigen schenkt. Dies ist die Definition der Kirche. Eines von diesen Sakramenten ist die Priesterweihe, deren eigentlicher Spender Christus, also Gott, sein soll. So steht es im katholischen Kurz-Katechismus. Die Weihe selbst wird von einem Bischof vorgenommen, sozusagen im Auftrag Gottes. Da Gott laut Dogma 22 alles Wirkliche auch in der Zukunft sieht, bedeutet das also, dass Gott jemanden zum Priester weihen ließ, von dem er schon vorher genau wusste, dass der – vielleicht in fünf Jahren – zu einem Vergewaltiger werden würde. Abgesehen davon kann man es drehen und wenden, wie man will, vom Standpunkt der Kirche aus gesehen, das ist Bestandteil ihrer Lehre, weiß ihr Gott alles. Also wusste er auch hier Bescheid, der allmächtige und allgütige Gott. Nur getan hat er nichts, den Missbrauch zu verhindern.

Ich glaube nicht alles

Nicht wenige gläubige Christen differenzieren heutzutage, was sie glauben wollen und was nicht. Dies wäre die geistige Freiheit der jetzigen Zeit, sagen sie. Sie fühlen sich zwar stark mit der Kirche verbunden, aber im Einzelfall glauben sie nicht alles und vor allen Dingen nicht unbesehen, was ihnen die Theologen erzählen. Dabei verkennen sie, dass sie ausnahmslos das zu glauben haben, was ihnen die Kirche erzählt, besser gesagt vorschreibt. Nehmen wir z.B. den katholischen Kurz-Katechismus, dann können wir darin nachlesen, mit welchen Worten dieser „Verein" Kirche argumentiert. Natürlich können die Gläubigen etwas anderes glauben, als dort formuliert wird, aber dann müssten sie folgerichtig aus der Kirche austreten. Denn die Kirchenmitglieder sollen zu allen Dingen nur die Meinung der Kirche haben und gegebenenfalls auch vertreten. Auf die Frage *„Wer ist die Lehrerin unseres Glaubens"* kommt im Kurz-Katechismus die Antwort:

> *„Die Lehrerin unseres Glaubens ist die katholische Kirche."*

Diese Aussage ist eindeutig, sie lässt keinerlei Diskussion zu. Jedes Kirchenmitglied ist dadurch verpflichtet, auf eine im Raum stehende Frage ausschließlich die Antwort zu geben, die auch im Kurz-Katechismus geschrieben steht, wenn sie da steht. Und die Kirche gibt auch gleich die Begründung dafür an. Auf die Frage *„Wer lehrt uns durch den Mund der Kirche"* antwortet sie:

> *„Durch den Mund der Kirche lehrt uns Christus,*
> *unser himmlischer Lehrmeister."*

Was sie sagt, sind demnach die Worte von Jesus Christus, also des Gottes persönlich. Nur so wie sie darf man die Dinge sehen. Die Interpretation einer Bibelstelle ist einzig und allein Sache der Kirche. Denn wer will behaupten, eine vorliegende Bibelstelle besser zu interpretieren als ein Gott?

Adolf Hitler war katholisch

Christen weisen gerne darauf hin, dass die größten Massenmörder des vergangenen Jahrhunderts, Adolf Hitler, Josef Stalin, Mao Tse-tung und Pol Pot, allesamt Atheisten waren. Daran könne man doch sehen, zu was Atheisten fähig seien. Was
sie nicht sagen, ist die historische Tatsache, dass auch die
christliche Kirche zu den größten Massenmördern der Geschichte gehört. Indianerausrottung, Kreuzzüge, Inquisition,
Hexenverbrennung, auch immer wieder Pogrome gegen Menschen jüdischen Glaubens, das war der Beitrag der Katholischen Kirche zur Weltordnung. Josef Stalin, Mao Tse-tung und
Pol Pot waren Atheisten, aber Adolf Hitler war bis zu seinem
Ende Mitglied der Katholischen Kirche. Er wurde nie von der
Kirche exkommuniziert. Jemand, der behauptet, die „Vorsehung" würde ihn generell beschützten, bezeichnet damit
gleichzeitig natürlich einen Gott, der ihn schützt. Was sollte
sonst die von ihm immer wieder genannte Vorsehung bedeuten? Alle, die in die SS eintreten wollten, mussten sich als gott-
gläubig bezeichnen, und auf dem Koppelschloss der deutschen
Wehrmacht waren die Worte zu lesen: „Gott mit uns". Zudem
stand Hitlers Machwerk „Mein Kampf" nie auf dem Index der
Katholischen Kirche. Der den Holocaust zu verantworten hatte,
war ein gottgläubiger Mensch. In „Mein Kampf" sprach er
auch vom allmächtigen Schöpfer und vom Werk des Herrn.
Daran kann man sehen, wozu gottgläubige Menschen trotz allem fähig sein können. Es heißt, Gott liebe alle Menschen.
Auch wenn sie nichtchristlichen Glaubens sind wie die Men-

schen jüdischen Glaubens? Gegenteiliges wird die Katholische Kirche nicht behaupten.

Gottes Hilfe

Wenn man am Abend im Fernsehen die Nachrichten des Tages einschaltet, so kann man mit ziemlicher Sicherheit davon ausgehen, dass zumindest eine Meldung aus irgendeinem Teil der Welt von Menschen berichtet, die leiden oder gelitten haben. So sind es beispielsweise immer wieder Erdbeben, die irgendwo auf der Welt das Weiterleben der Überlebenden für lange Zeit auf fürchterliche Weise beeinflussen. Unter den Trümmern suchen Helfer nach Lebenszeichen von Verschütteten, und auch die Christen unter ihnen sagen: „Mit Gottes Hilfe werden wir noch weitere Verschüttete finden." Wie bitte? Was ist denn das für ein Gottesverständnis? Wo war denn der Allmächtige, als so viele Menschen verschüttet wurden und ihr Leben lassen mussten? Warum hat er das überhaupt zugelassen? Warum gibt es denn trotz dieses Gottes immer wieder Erdbeben auf unserem Planeten? Dies sind Fragen, auf die auch die Kirche keine Antwort weiß. Jedenfalls keine, die Sinn macht.

Wirklich frustrierend ist eine Szene, in der ein Junge, vielleicht 15 Jahre alt, vor laufender Fernsehkamera berichtete, er hätte durch das Erdbeben nicht nur seine Eltern verloren, sondern auch all seine Geschwister, seine Onkel und Tanten, außerdem die Cousinen und Cousins. Und was sagte er dazu? „Ich danke Gott, dass er mich überleben ließ". Der Junge war erst 15 Jahre alt, sodass man ihm einiges nachsehen muss. Es geht aber darum, dass ein Gott, der so ist, wie es die Dogmen behaupten, es nie zulassen würde, dass ein Mensch seine gesamte Familie durch ein Unglück verliert.

Die Katholische Kirche weist immer gerne darauf hin, dass für ein Unglück der „böse Wille" von Menschen verantwortlich sei. Hier geht es aber um ein Unglück, an dem Menschen nichts ändern können, da der „böse Wille" der Menschen ein Erdbeben natürlich nicht beeinflussen kann. Wenn durch das Unglück sehr viele Menschen ihr Leben verloren haben, dann kann es durchaus sein, dass der Stellvertreter Gottes auf Erden extra anreist, um den Überlebenden Mut zuzusprechen. Und dieser Papst wird dann nach oben schauen, zum Himmel, aber außer ein paar Wolken wird er nichts sehen. Danach reist er wieder ab.

Die Prüfung

Wenn man am 23. August 2018 die Tageszeitung aufschlug, konnte man darin etwas Unfassbares lesen. Im US-Bundesstaat Arkansas war eine 25-jährige Mutter mit ihrem Auto in eine Schlucht gestürzt und dabei ums Leben gekommen. Mit ihr im Auto waren noch ihre beiden kleinen Söhne, 1 und 3 Jahre alt, die diesen Autounfall überlebten. Während der jüngere Sohn von beiden überhaupt nichts begreifen konnte, gelang dem Dreijährigen der Ausstieg durch das Schiebedach. Er lief traumatisiert eine Straße entlang, wodurch er die Polizei auf sich aufmerksam machte. Sie fand die Schlucht, in die das Auto gestürzt war, und dort im Auto den überlebenden Einjährigen. Wie sich später herausstellte, war die verunglückte Frau zudem in der vierten Woche schwanger.

Alle Christen müssen sich bei diesem Autounfall die Frage stellen, warum der nach ihrer Meinung über allem stehende Gott diesen zuließ. War das in Gottes Sinn gerecht, was die beiden kleinen Kinder erleben mussten? Was hatten sie denn getan, dass sie so bestraft werden mussten? Denn gibt es etwas Schlimmeres für kleine Kinder als den Verlust ihrer Mutter? Was hat der Fötus getan, in diesen vier Wochen seines kurzen Lebens? Was ist das für ein Gott, der so etwas geschehen lässt? Wozu brauchen wir einen Gott, der solch ein Schicksal nicht verhindert, obwohl er es, folgt man der Kirche, hätte können? Fragen über Fragen drängen sich auf, nur Antworten gibt es nicht.

Im Allgemeinen weiß die Kirche, dass irgendwelche vorgebrachten Scheinargumente auch von vielen Gläubigen letztlich nicht mehr verstanden werden. Aus diesem Grund wurde das Argument einer Prüfung durch Gott ins Spiel gebracht. Der Leidende muss diese Prüfung durchstehen und damit zeigen, dass er fest im Glauben steht. Das sind Erklärungsversuche, die an das Mittelalter erinnern, in dem man etwas für wahr hielt, nur weil man es glauben wollte. In der Beziehung hat sich aber heutzutage nicht so viel geändert. Es wird sicherlich jedem klar sein, dass diese beiden kleinen Kinder vom religiösen Glauben bestimmt noch nichts wussten. Deswegen wäre es völlig sinnlos gewesen, sie zu „prüfen". Weiß das der liebe Gott denn gar nicht? Die Kinder wissen jetzt nur, dass ihnen die Mutter für immer genommen worden ist, und dass kein noch so allmächtiger und allgütiger Gott dies verhindert hat.

Die Religionen der Welt, die wir wegen ihrer Vielzahl zumeist nur in Ausnahmefällen per Namen kennen, haben neben allem Trennenden eins gemeinsam. Sie sagen ihren Göttern Kräfte nach, die diese de facto gar nicht haben, was dann auch zu der Frage führt, ob es diese Götter überhaupt gibt. Wenn ein Gläubiger im Gebet in irgendeiner Angelegenheit um göttliche Hilfe bittet, und wenn die fragliche Sache warum auch immer für den Bittsteller gut ausgeht, dann dankt er seinem Gott, dass der ihn so unterstützt hat. Im gegenteiligen Fall werden Ausflüchte dafür angeführt, warum ihm der verehrte Gott hierbei leider nicht helfen konnte.

Die christlich-jüdische Tradition

Politiker werden nicht müde, in irgendwelchen Reden auf die christlich-jüdische Tradition unserer Republik zu verweisen. Aus ihr heraus sei letzten Endes unsere Verfassung entstanden, unsere heutigen Werte seien aus ihr gewachsen. Die Tora der Juden und die 5 Bücher Mose seien ja identisch, sodass Jahwe, der Gott des Alten Testaments, auch gleichzeitig der Gott der Juden sei. Beide Religionen hätten also die gleiche Grundlage.

Direkter Vorgänger der Bundesrepublik Deutschland war das so genannte 3. Reich, dessen Führung (Hitler, Goebels, Göring u.a.) sich aus Schwerverbrechern zusammensetzte. Die christlich-jüdische Tradition beruhte im Endeffekt auf der Tatsache, dass unter dem Naziregime fast alle jüdischen Mitbürger europaweit von deutschen Staatsbürgern, die in der überwiegenden Mehrheit Christen waren, abtransportiert wurden, in Konzentrationslager gebracht und dort ermordet wurden. Die Vergangenheit zeigt, dass die jüdischen Mitbürger immer wieder ausgegrenzt wurden. Ihnen wurden willkürlich Bürgerrechte entzogen, sie wurden vertrieben und schließlich unter den Nazis aus rassistischen Gründen ermordet. Und Pius XII., der Papst von 1939–1958 war und damit zu der Zeit Oberhaupt der Katholischen Kirche, schwieg dazu. Obwohl ihm aus den vorliegenden Fakten klar sein musste, welche Verbrechen in den deutschen Konzentrationslagern verübt wurden. Aber er schwieg dazu. Seine Stellung hätte die Autorität gehabt, weltweit gehört zu werden.

Bereits im 11. Jahrhundert, als Papst Urban II. im Jahre 1095 zum ersten Kreuzzug von vielen zur Eroberung des von Nichtchristen besetzten Palästinas und damit des für die Christen Heiligen Landes aufrief, begann die Verfolgung der Juden. Die europäischen Kreuzzüge führten auch zu Judenpogromen. Man wollte nicht nur am Ziel Palästina, sondern auch bereits im Abendland gegen Ungläubige, und das waren die Juden in den Augen der Kreuzzügler, vorgehen. Die jüdischen Mitmenschen wurden Bürger zweiter Klasse, sie sollten immer an allem schuld sein. Als z.B. im 14. Jahrhundert in Europa die Pest wütete, machte man die Juden für den Ausbruch der Seuche verantwortlich. Dabei handelte es sich bei der Pest um eine bakterielle Infektionskrankheit, die vor allem durch Nagetiere wie Ratten auf Flöhe und Menschen übertragen wurden. So verhält es sich mit der christlich-jüdischen Tradition. Dasjenige Weltbild, das uns dabei Politiker stets vermitteln wollen, ist demnach schlichtweg falsch.

Vater und Sohn

In jedem Volk ist das Verhältnis zwischen den Eltern und ihren Kindern etwas Besonderes. Eine Beziehung, die von gegenseitiger Liebe geprägt ist, aber auch von gegenseitiger Achtung. So würde ein Vater nie zulassen können, dass seinem Kind bewusst Schmerzen zugefügt werden. Eine Ausnahme hierbei stellt der Gott der Christen dar. Obwohl er nach der Lehre der Kirche durchaus die Allmacht gehabt hätte, die Dinge so zu beeinflussen, dass sein Sohn Jesus nicht gekreuzigt worden wäre und also auch nicht hätte so leiden müssen, ließ er zu, dass dieser – aus seiner Sicht stellvertretend für die sündige Menschheit – brutal gekreuzigt wurde. Denn dieses Vergehen der gesamten Menschheit verlangte in seinen Augen die Todesstrafe. Aus diesem Grund hatten die römischen Besatzer und er, bezogen auf Jesus, identische Interessen.

Dieser Vater soll ein durch und durch barmherziger Gott sein, mit einer grenzenlosen Güte und einem Sinn für die absolute Gerechtigkeit. Dazu muss zunächst gesagt werden, dass in solch einem Fall quasi kein betroffener Vater diese Quälerei seines eigenen Kindes zulassen würde. Allerdings brauchte er natürlich die Allmacht, um die erwähnten Eigenschaften auch durchsetzen zu können. Das aber kann nur bedeuten, da die Kreuzigung Jesu kein bisschen Güte, Barmherzigkeit und Gerechtigkeitssinn seines göttlichen Vaters erkennen ließ, dass Gott überhaupt keine Allmacht besaß. Oder er besaß zwar die Allmacht, konnte sie aber nicht anwenden, was eine Allmacht natürlich sinnlos machte. Oder aber es gab gar keinen christlichen Gott. Jesus wurde also allein deswegen gekreuzigt, weil er gegenüber den römischen Besatzern behauptet hatte, er sei der König der Juden. Die Römer als Besatzungsmacht haben ihn deswegen gekreuzigt, denn so etwas galt für sie als Aufruhr.

Nach den Worten der Kirche nahm Jesus als Sühneopfer die „Schuld" der Menschheit auf sich, obwohl so etwas nicht funktionieren kann. Denn eine Schuld können nur die Schuldigen selbst übernehmen, übertragbar ist sie nicht. Außerdem hat Jesus selbst so etwas nie gesagt.

Gott hatte für das Verhältnis Vater zu Sohn schon früher Erfahrungen sammeln können. Denn im Alten Testament steht geschrieben (Gen 22,1–19), dass er Abraham befohlen hatte, seinen Sohn Isaak zu opfern, also zu töten. Damit wollte er Abrahams Glauben auf die Probe stellen. Ein Engel konnte es im letzten Moment verhindern, dass Abraham seinen eigenen Sohn tötete. Dabei kommt es nicht darauf an, ob diese Geschichte wahr ist oder nicht, sondern es kommt allein darauf an, dass sie so in der Bibel steht. Dieses Buch ist für viele Gläubige das Buch der Bücher schlechthin, in dem jede Zeile, die dort geschrieben steht, den christlichen Glauben widerspiegeln soll. Dadurch soll sie ein Leitfaden für die christliche Lebensweise sein. In solch einem Buch erteilt Gott einem Vater eine Mordanweisung, nach der dieser Vater als Beweis für seinen Glauben an Gott seinen Sohn ermorden soll. Nicht deswegen, weil dieser es durch eine grausame Tat verdient hätte, sondern allein aus dem Grund, weil der liebe Gott den Glauben des Vaters prüfen möchte. Dieser Beweggrund Gottes ist nicht nur im höchsten Maße unmoralisch und zudem unverständlich, sondern die Worte zeigen außerdem eindeutig, was von der heiligen Bibel zu halten ist. Denn was soll man von einem Buch halten, in dem geschrieben steht, dass Gott von einem Vater verlangt, dieser solle als Zeichen seiner Gottestreue seinen Sohn ermorden?

Das apostolische Glaubensbekenntnis

Das apostolische Glaubensbekenntnis ist eine einfache Zusammenfassung des christlichen Glaubens und enthält die für das liturgische Beten wichtigsten Glaubensinhalte. Es stammt wahrscheinlich aus den ersten Jahrhunderten nach Jesus, geht aber trotz des Namens nicht zurück auf die von Jesus ausgewählten Apostel. Es beinhaltet Behauptungen, die in dem vorliegenden Buch eindeutig widerlegt wurden und eine Richtigstellung der im Glaubensbekenntnis verkündeten kirchlichen Wahrheiten verlangen.

Der Anfang lautet:

> *Ich glaube an Gott,*
> *den Vater, den Allmächtigen,*
> *den Schöpfer des Himmels und der Erde,....*

Man glaubt also an Gottvater. Die Trinität spielt demnach hier noch keine Rolle, weil Gottvater sich noch nicht vermehrt hat. Dieser Vater soll zwar allmächtig sein, zugleich aber auch allgütig (Dogma 33), wovon jedoch in unserer realen Welt wenig zu merken ist. Die vorstehenden Kapitel haben immer wieder gezeigt, dass das Wirken des christlichen Gottes mit väterlicher Fürsorge nichts zu tun hat, sondern dass es zum Teil meilenweit davon entfernt ist. Gottvater soll auch unseren Planeten Erde erschaffen haben, wovon viele Gläubige immer noch überzeugt sind. Nachdem sich das im Alten Testament beschriebene Paradies als Märchen erwiesen hat, ist jetzt der Gott der Kirche der Erzeuger des Urknalls und damit des Universums. Dabei wird aber vergessen, dass die Erde wie bereits gesagt erst rund 9,2 Milliarden Jahre nach dem Urknall entstanden ist, und zwar durch Materieverdichtung. Gott ist somit nicht der Schöpfer der Erde.

Dann folgen im Text einige Glaubensbekenntnisse, die man im Prinzip bei jeder anderen Religion auch erwarten würde. In der 10. Zeile steht dann:

..... hinabgestiegen in das Reich des Todes
(= zu den Gläubigen der Vorzeit) .....

In den vier von der Kirche autorisierten Evangelien, die das Leben und Wirken Jesu beschreiben, kommt dieser Passus des Glaubensbekenntnisses nicht vor, was auch nicht verwundern kann, da er erst viel später nach dem Tod von Jesus am Kreuz von der Kirche hineingebracht wurde. Man spricht in diesem Zusammenhang auch von der Höllenfahrt Christie, also seiner Fahrt in den Zustand Hölle, wie ja Papst Johannes Paul II. die Hölle neu definiert hat. Das Gefährt wird nicht genannt. Der Katholische Kurz-Katechismus spricht dabei von der Vorhölle. Da dieser Teil der Vorhölle damals von Jesus geleert worden ist, ein Zustand wurde also geleert, ist dieser inzwischen von der Kirche geschlossen worden.

Jesus ging also nach seinem irdischen Tod in die Vorhölle, um wie es heißt die Seelen der Gerechten seit Adam zu befreien. Wer waren die Gerechten? Sie waren mit Schuld gegen Gott belastet und konnten deswegen nicht in den Zustand Himmel aufgenommen werden. Aber Jesus hat sie als Erlöser alle befreit, wodurch sie dann endlich den Zustand Himmel und damit auch im Prinzip Gott sehen konnten. Es muss wohl fürchterlich sein, wenn man tot ist und dann Gott nicht sehen kann. Zum Begriff „Sehen" siehe auch das Ende dieses Kapitels. Neben Adam wurde natürlich auch Eva befreit, so der Katechismus der Katholischen Kirche (KKK 635). Zwar gab es die beiden überhaupt nicht, aber die Evolution war Jesus wohl noch nicht bekannt. Nach Ablauf von drei Tagen ist Jesus dann normal auferstanden und in den Zustand Himmel aufgefahren, was auch immer darunter zu verstehen ist.

Am Schluss des Glaubensbekenntnisses erfahren wir noch, dass wir einst von den Toten auferstehen werden, um dann ewig weiterzuleben. Das gilt aber nur für die Guten unter den Christen. Wer böse ist oder sogar Nichtchrist, der kommt in den Zustand Hölle. Allerdings hat sich diese Hölle im Laufe der Jahrhunderte geändert. Früher war sie einfach nur unerträglich heiß, und das waren dann die Höllenqualen. Da aber die Hölle nur für die Seelen der Menschen vorgesehen ist und diese laut der Kirche keinen Körper haben, sucht man vergebens bei ihnen nach schmerzempfindlichen Nerven. Wie haben die Seelen das bloß ausgehalten, immer nur Tage ohne Schmerzen zu erleben? Inzwischen besteht der Sinn der Hölle darin, dass die bösen Seelen Gott nicht sehen können. Was für eine Strafe. Denn sehen könnten sie ja sowieso nichts. Gott habe nämlich keinen Körper, er sei, so sagt die Kirche, ein Wesen. Somit stellt sich die Frage, wie eine Seele ohne Körper und damit auch ohne Augen einen Gott sehen kann, der keinen Körper hat.

Fazit

Jeder Berufstätige sucht in seiner beruflichen Tätigkeit auch eine gewisse Bestätigung für sich selbst. Dabei ist es normal, dass er seine Firma zwar durchaus kritisch sieht, aber trotzdem in vielen Fällen loyal zu ihr steht, weil die fachlichen Gegebenheiten ihm dies ermöglichen. Das gleiche gilt natürlich ebenso für die Theologen, die sozusagen eine Firma namens Kirche vertreten, und die sich im Rahmen ihrer täglichen Arbeit für die Ziele dieser Kirche einsetzen.

Aber aus den vorstehenden Kapiteln geht für jedermann ersichtlich hervor, dass die Denkweise der Theologen keinerlei gemeinsame Basis haben kann. Denn einerseits verkündet Ihr Arbeitgeber, die christliche Kirche, immer wieder in zum Teil höchsten Tönen die positiven Eigenschaften ihres Gottes als Faktum, welche die angestellten Theologen aber in der praktischen Seelsorge nicht nachvollziehen können. Weil nämlich andererseits diese von der Katholischen und auch der Evangelischen Kirche immer wieder verbreiteten göttlichen Eigenschaften mit der Realität auf unserem Planeten nicht vereinbar sind. Deshalb ist es aus logischen Gründen einfach nicht zu verstehen, dass ein Theologe trotzdem seinen gewählten Beruf für sich befriedigend ausüben kann. Auf das Problem angesprochen, sagt die Kirche höchstens, Gottes Wege seien unergründlich, aber das ist nichts anderes als eine inzwischen bekannte Ausrede. Tatsache ist, dass es zwar heißt, der Gott der Christen sei allgütig, barmherzig und gerecht, und er habe die Allmacht, das alles in praxi umzusetzen, nur gesehen haben wir an vielen Beispielen, dass er es zweifellos nicht tut. Und man fragt sich, warum die Katholische Kirche dann überhaupt ihre Dogmen erlassen hat. Liegt der Gegensatz zwischen Anspruch und Wirklichkeit vielleicht daran, dass der Gott der Christen diese ihm von der Kirche attestierten Eigenschaften gar nicht besitzt, oder dass es ihn überhaupt nicht gibt?

Literaturempfehlungen

Buggle, Franz, Denn sie wissen nicht, was sie glauben.
Alibri Verlag, Aschaffenburg 2012

Dawkins, Richard, Der Gotteswahn.
Ullstein Buchverlage, Berlin 2007

Deschner, Karlheinz, Der gefälschte Glaube.
Knesebeck Verlag, München 2004

Deschner, Karlheinz, Abermals krähte der Hahn.
btb Verlag, München 1996

Die Bibel, Einheitsübersetzung der Heiligen Schrift.
Verlag Katholisches Bibelwerk, Stuttgart 2012

Frerk, Carsten, Violettbuch Kirchenfinanzen.
Alibri Verlag, Aschaffenburg 2010

Harris, Sam, Brief an ein christliches Land.
C.Bertelsmann Verlag, München 2008

Hitchens, Christopher, Der Herr ist kein Hirte.
Heyne Verlag, München 2009

Koepf, Hans, Mithras oder Christus.
Jan Thorbecke Verlag, Sigmaringen 1987

Kubitza, Heinz-Werner, Der Jesuswahn.
Tectum Verlag, Marburg 2011

Kubitza, Heinz-Werner, Der Dogmenwahn.
Tectum Verlag, Marburg 2015

Langbein, Walter-Jörg, Lexikon der biblischen Irrtümer.
Aufbau Taschenbuch Verlag, Berlin 2007

Lehnert, Uwe, Warum ich kein Christ sein will.
Tectum Verlag, 2015

Onfray, Michel, Wir brauchen keinen Gott.
Piper Verlag, München 2006